# こんななやみをもっているキミへ……

自分《じぶん》ではかたづけているつもりなのに、だらしがないってしかられちゃう……

部屋《へや》がきたなすぎて、友《とも》だちをよべない……

散《ち》らかりすぎて、物《もの》を探《さが》すのに時間《じかん》がかかる……

そもそも何《なに》からかたづければいいの？

# 整理整《せいりせい》とんの仕方《しかた》がわかるとこんないいことがある！！

自分《じぶん》も気持《きも》ちがいいし、まわりの人《ひと》も気持《きも》ちがいい！

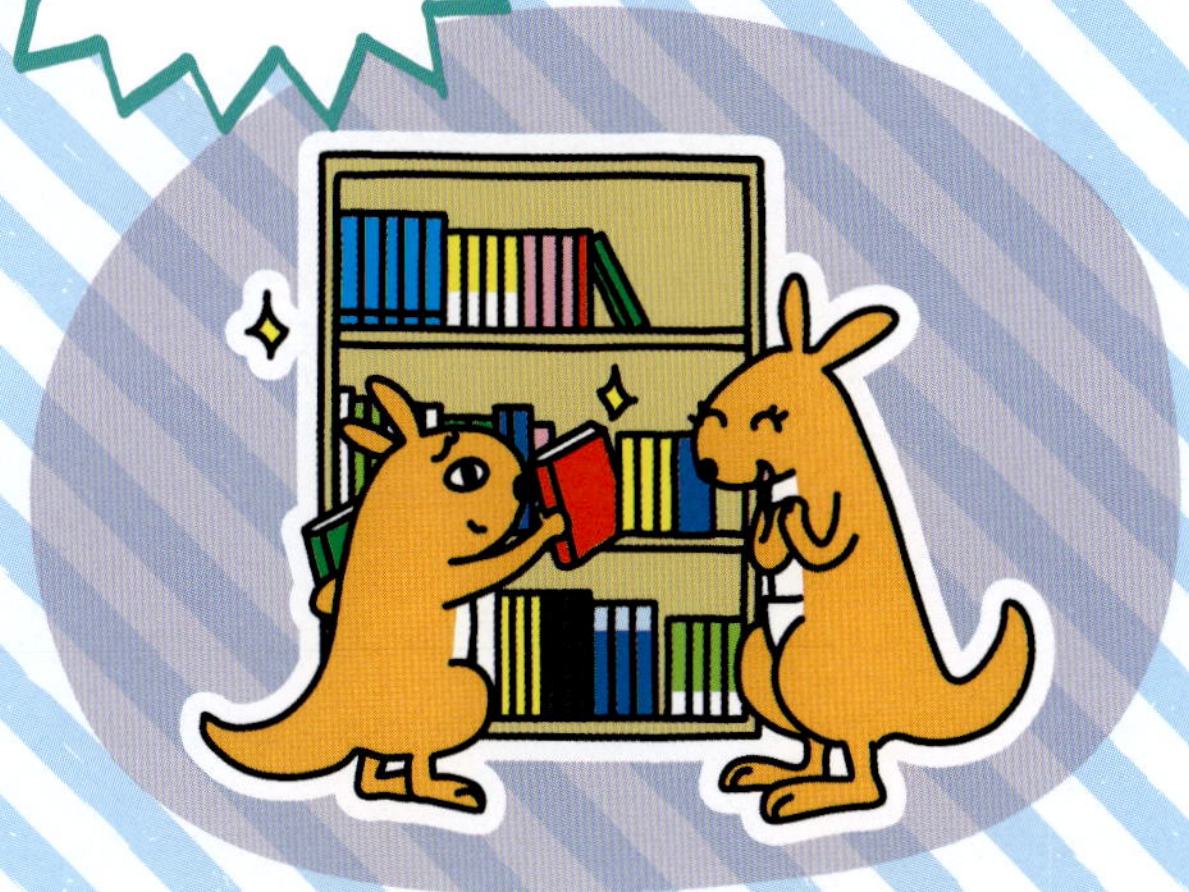

今《いま》まで探《さが》し物《もの》をしていた時間《じかん》を好《す》きなことに使《つか》える！

いつでもきれいな部屋《へや》に友《とも》だちをよべる！

整理整《せいりせい》とんの手順《てじゅん》を覚《おぼ》えれば、頭《あたま》の中《なか》も整理《せいり》できる！

ヤマオリ

タニオリ

12才までに身につけたい

# 整理整とん


花まる学習会 著



日本能率協会マネジメントセンター

# はじめに

この本《ほん》を手《て》に取《と》ってくれたキミは、もしかして、整理整《せいりせい》とんが苦手《にがて》かな？

先生《せんせい》や、おうちの人《ひと》に、いつも「かたづけなさい」ってしかられているのかもしれないね。

「そんなのめんどうくさい」とか、「このままでも困《こま》らない」とか言《い》って、散《ち》らかしっぱなしにしていないかい？

でも、キミ自身《じしん》も、きっと心《こころ》の中《なか》では、整理整《せいりせい》とんをしたいと思《おも》っているはずなんだ。

今《いま》は散《ち》らかっている自分《じぶん》の部屋《へや》やつくえの上《うえ》も、かばんの中《なか》も、本当《ほんとう》はいつもきれいに整《ととの》えておきたいんだよね。

だって、そのほうがきれいで、使《つか》いやすくて、気持《きも》ちがいいに決《き》まっているから。

でも、さまざまな原因《げんいん》があって、どうも思《おも》い通《どお》りにいかないこ

ともあるよね。

どこから手《て》をつければいいんだろう？

どこにしまえばいいだろう？

きれいにかたづいたと思《おも》ったのに、すぐにまた散《ち》らかってしまった……。

やろうと思《おも》っても、いつも後回《あとまわ》しにしてしまう……。

こんなふうに、整理整《せいりせい》とんをしようという気持《きも》ちはあるのに、なぜかうまくできないことってあるんじゃないかな？

この本《ほん》はキミのなやみの、「なぜうまくいかないんだろう」のこたえを探《さが》し、どうすればうまく整理整《せいりせい》とんができる人《ひと》になれるか、いっしょに考《かんが》えていく本《ほん》になっているよ。

キミがこの本《ほん》を読《よ》み終《お》わった時《とき》に、「よしやってみよう！」と思《おも》えることを願《ねが》っているよ。

## もくじ



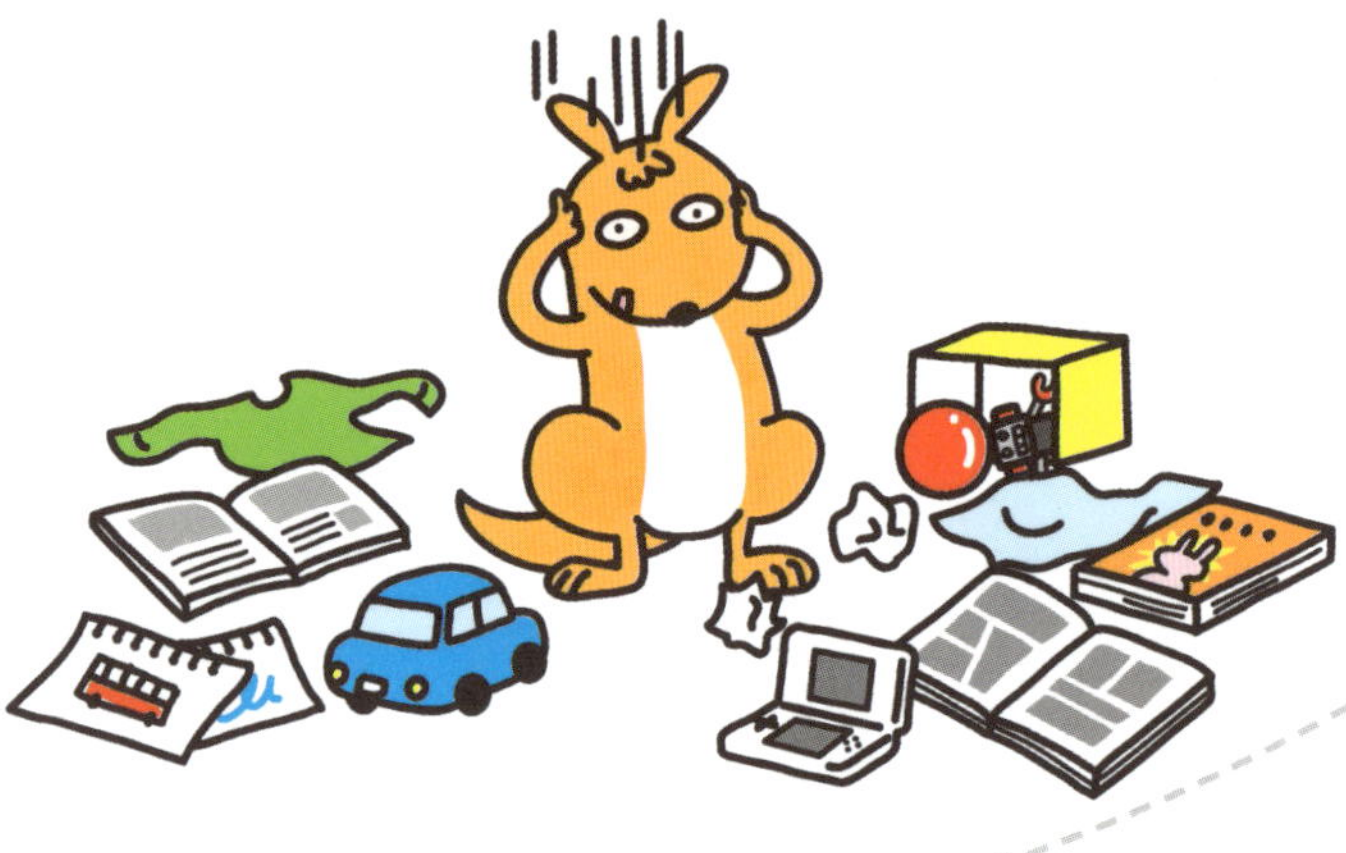

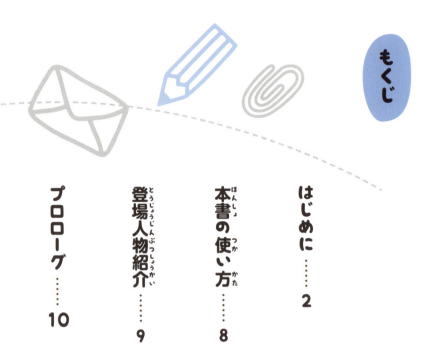

# 本書《ほんしょ》の使《つか》い方《かた》

**図解《ずかい》**…「本文《ほんぶん》」の内容《ないよう》や、「整理整《せいりせい》とんのヒケツ」についてのワンポイント・アドバイスを、わかりやすいイラストで説明《せつめい》しています。

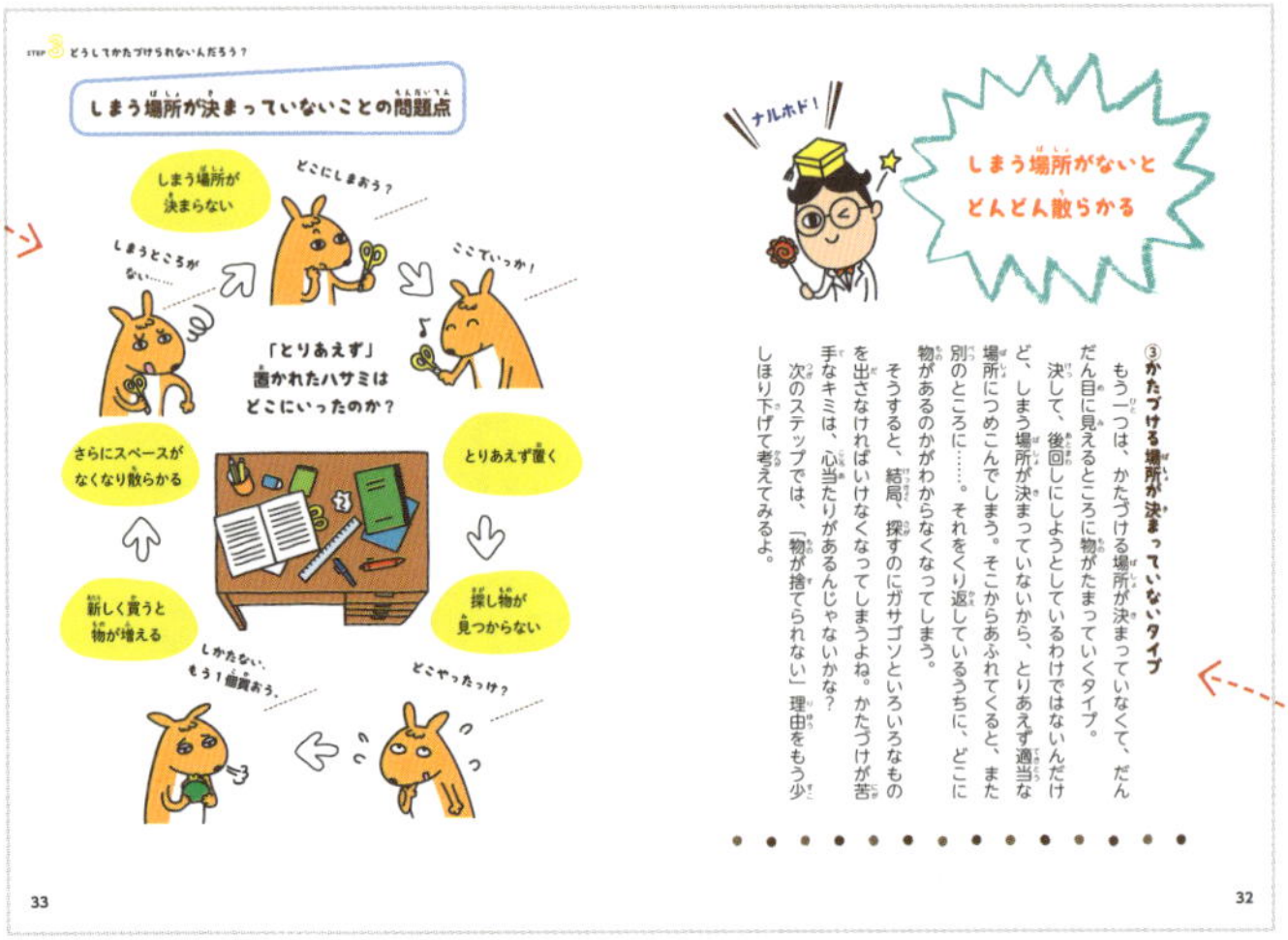


**本文《ほんぶん》**…「整理整《せいりせい》とん」についての10のひみつを解説《かいせつ》しています。

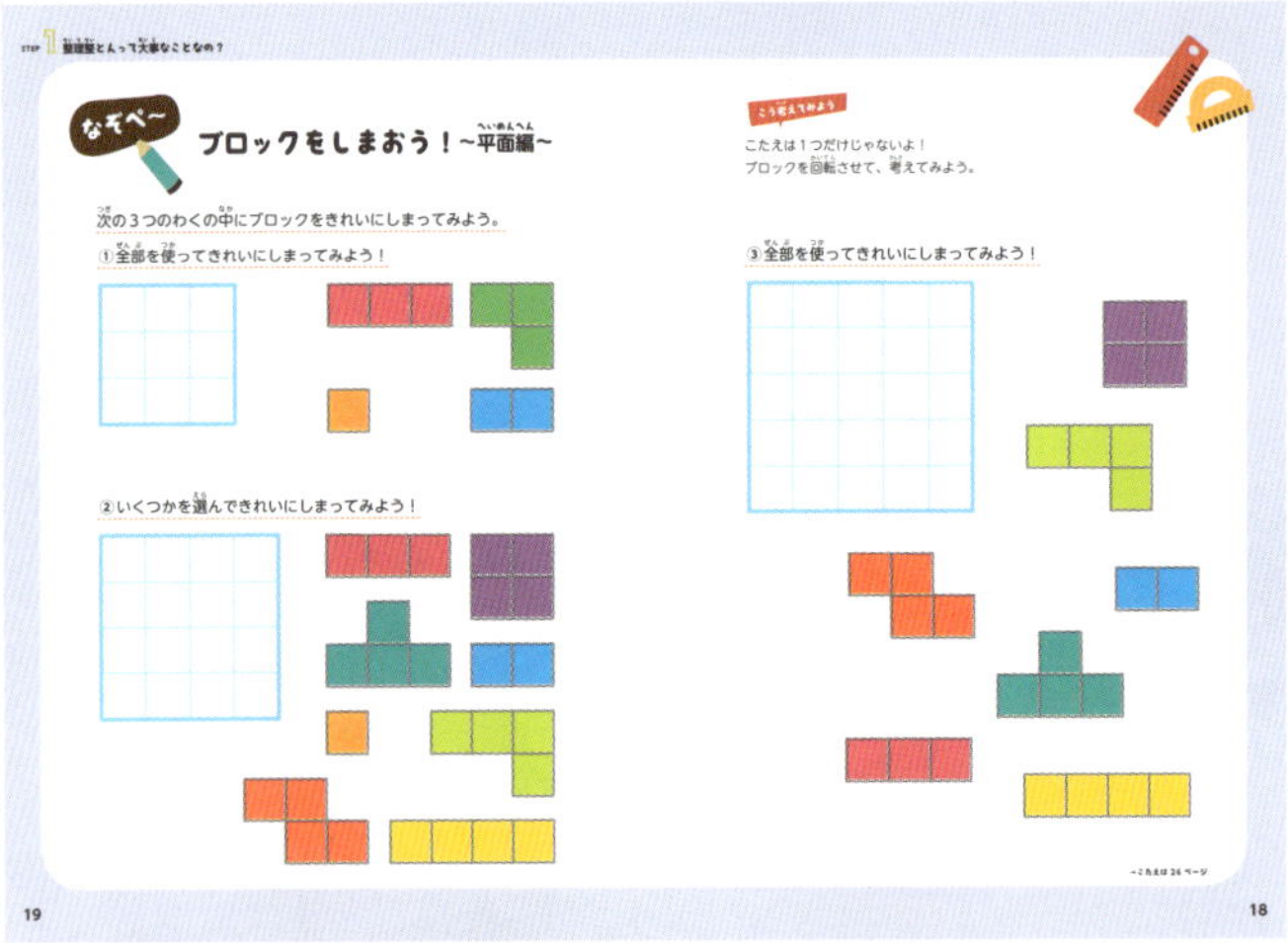


**なぞぺ～**…「整理整《せいりせい》とん」に関《かん》するパズルや迷《めい》路《ろ》を、各《かく》ステップの終《お》わりに用意《ようい》しています。物《もの》の整理整《せいりせい》とんの仕方《しかた》や頭《あたま》の中《なか》の整理術《せいりじゅつ》を、楽《たの》しみながら学《まな》べます。

# 登場人物紹介《とうじょうじんぶつしょうかい》

## カンガルーくん

ちょっぴりめんどうくさがり屋《や》の男《おとこ》の子《こ》。遊《あそ》びも勉強《べんきょう》も一生懸命《いっしょうけんめい》やるけれど、何《なん》でもやりっぱなし。

## コアラちゃん

きれい好《ず》きでかたづけ上手《じょうず》な女《おんな》の子《こ》。やさしくてクラスのみんなのあこがれの的《まと》。

## 花《はな》まる先生《せんせい》

この本《ほん》を書《か》いている人《ひと》。整理整《せいりせい》とんのポイントを教《おし》えてくれる、やさしい先生《せんせい》。

他《ほか》にもいろんな友《とも》だちが出《で》てくるよ！

# ぼくも整理整《せいりせい》とんするぞ！

ハァ…
カンガルー君《くん》、どうしたんだい?
花《はな》まる先生《せんせい》…
じつは かくかく しかじか
なるほど
キリン君《くん》はいつもきれいに整理整《せいりせい》とんしてるから家《いえ》に友《とも》だちを呼《よ》べていいな〜
じゃあ キミだって きれいにかたづけたらいいじゃないか
そんなこと言《い》ったって… ぼくには難《むずか》しいよ
大丈夫《だいじょうぶ》! ちょっとした心《こころ》がけで整理整《せいりせい》とんは上手《じょうず》になれるんだよ!
本当《ほんとう》?
もちろん! それに整理整《せいりせい》とんができるようになればいいことがたくさんついてくるよ!
いいこと?
先生《せんせい》がかたづけのヒケツを教《おし》えてあげるから、やってみようよ
よーし、なんかやる気《き》でてきたぞ!
メラメラ

STEP 1

# 整理整《せいりせい》とんって大事《だいじ》なことなの？

# どうして整理整《せいりせい》とんしなきゃいけないの？

「あれ？ 明日《あした》持《も》っていくノートはどこに置《お》いたっけ？ お母《かあ》さん、ノートどこ？」

「もう、どこに置《お》いたの！ 時間《じかん》がないのに！」

「あっ、洋服《ようふく》の下《した》にあった」

「だから、かたづけなさいって言《い》ってるの！」

キミも探《さが》し物《もの》が見《み》つからなくて、おうちの人《ひと》とこんな会《かい》話《わ》をしたことがあるんじゃないかな？

整理整《せいりせい》とんができていないと、こんなふうに、周《まわ》りにいる人《ひと》をイライラさせてしまうことって多《おお》いんだ。

周《まわ》りの人《ひと》に迷惑《めいわく》をかけるのも、そのせいで自分《じぶん》がしかられるもの、決《けっ》していいことではないよね。

逆《ぎゃく》に整理整《せいりせい》とんが上手《じょうず》にできるようになると、いいことがたくさんあるんだ！ いくつか紹介《しょうかい》していくよ。

# 整理整《せいりせい》とんが大事《だいじ》なわけ

その理由《りゆう》の一《ひと》つは物《もの》を探《さが》す時間《じかん》を大《おお》きく減《へ》らすことができるから。そのことによって、自分《じぶん》がやりたいことをする時間《じかん》を増《ふ》やすことができるよね。

いつも「あれがない、これがない」と言《い》って、探《さが》し物《もの》をしている時間《じかん》って、たまるとものすごい時間《じかん》になっているんだ。これはもったいないよね。

もう一《ひと》つの理由《りゆう》は、大事《だいじ》なものを失《な》くさないため。自分《じぶん》のものを失《な》くすだけならば、後悔《こうかい》して、「二度《にど》とそんなことが起《お》こらないように気《き》をつけよう」と思《おも》うだけですむかもしれない。でも、たとえば、キミを信《しん》じて友《とも》だちが大事《だいじ》にしているものを貸《か》してくれたのに、キミが整理整《せいりせい》とんできないことで、借《か》りたものを失《な》くしてしまったら、それはキミの信用《しんよう》まで失《うしな》ってしまうことになるよね。

## 探《さが》し物《もの》にどのくらい時間《じかん》を使《つか》っている？

整理整《せいりせい》とんが得意《とくい》な
コアラちゃん

整理整《せいりせい》とんが苦手《にがて》な
カンガルーくん

**毎日探《まいにちさが》し物《もの》に使《つか》っている時間《じかん》は……**

**約《やく》5分《ふん》**

**約《やく》20分《ぷん》**

**一年分《いちねんぶん》で考《かんが》えると……**

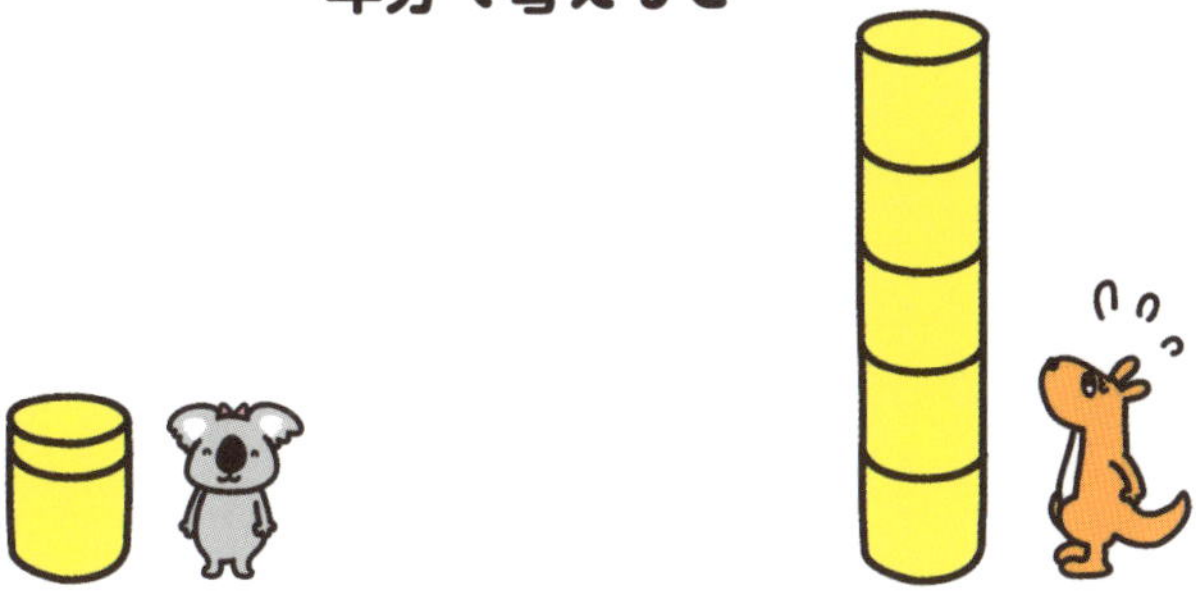

**約《やく》1825分《ふん》＝1.3日《にち》**

**約《やく》7300分《ぷん》＝5日《か》**

ある調査《ちょうさ》によると人《ひと》は探《さが》し物《もの》に
1日《にち》平均《へいきん》10分《ぷん》くらいかけて
いるんだって。

こんなになるんだね。

# 物《もの》をかたづけるだけではない、整理整《せいりせい》とんの力《ちから》

それに、整理整《せいりせい》とんの力《ちから》をのばすことは、身《み》の回《まわ》りにある物《もの》をかたづけられるようになること以外《いがい》にも、もう一《ひと》ついいことがある。

というのも、物《もの》の整理整《せいりせい》とんが上手《じょうず》な人《ひと》は「頭《あたま》の中《なか》の整《せい》理術《りじゅつ》」にも長《た》けている人《ひと》が多《おお》いんだ。

こういう人《ひと》は、一見難《いっけんむずか》しく思《おも》える問題《もんだい》があった時《とき》に、まずは全体《ぜんたい》の方向性《ほうこうせい》を決《き》めるために考《かん》える。そして、ゴールに向《む》かうために今《いま》、確認《かくにん》できるさまざまな情報《じょうほう》を整理《せいり》して、わかっていることと、わからないことを分《わ》けて考《かん》える。そして、何《なに》が問題《もんだい》になっているのかを明《あき》らかにして、やるべきことを一《ひと》つずつ解決《かいけつ》していく。

この頭《あたま》の中《なか》の整理術《せいりじゅつ》と、物《もの》を整理整《せいりせい》とんする時《とき》の流《なが》れはとてもよく似《に》ているんだ。

# 物《もの》の整理整《せいりせい》とんと頭《あたま》の中《なか》の整理術《せいりじゅつ》

## 物《もの》の整理整《せいりせい》とん

散《ち》らかった状態《じょうたい》
→ 必要《ひつよう》なもの
→ 不要《ふよう》なもの ＝捨《す》てる

必要《ひつよう》なもの → 共通点《きょうつうてん》を見《み》つけ出《だ》しグループに分《わ》ける → しまう場所《ばしょ》を決《き》めて収納《しゅうのう》 → かたづいた状態《じょうたい》

GOAL！

## 頭《あたま》の中《なか》の整理術《せいりじゅつ》

問題《もんだい》発生《はっせい》

さまざまな情報《じょうほう》が混在《こんざい》している状態《じょうたい》 → ゴールを明確《めいかく》にする
→ わかっていないこと
→ わかっていること ＝解決済《かいけつず》み

わかっていないこと → 問題点《もんだいてん》を明《あき》らかにする → やるべきことの実行《じっこう》 → 問題《もんだい》の解決《かいけつ》

GOAL！

GOALまでの流《なが》れがよく似《に》ているよ！

こう考《かんが》えてみよう

こたえは１つだけじゃないよ！
ブロックを回転《かいてん》させて、考《かんが》えてみよう。

## ③全部《ぜんぶ》を使《つか》ってきれいにしまってみよう！

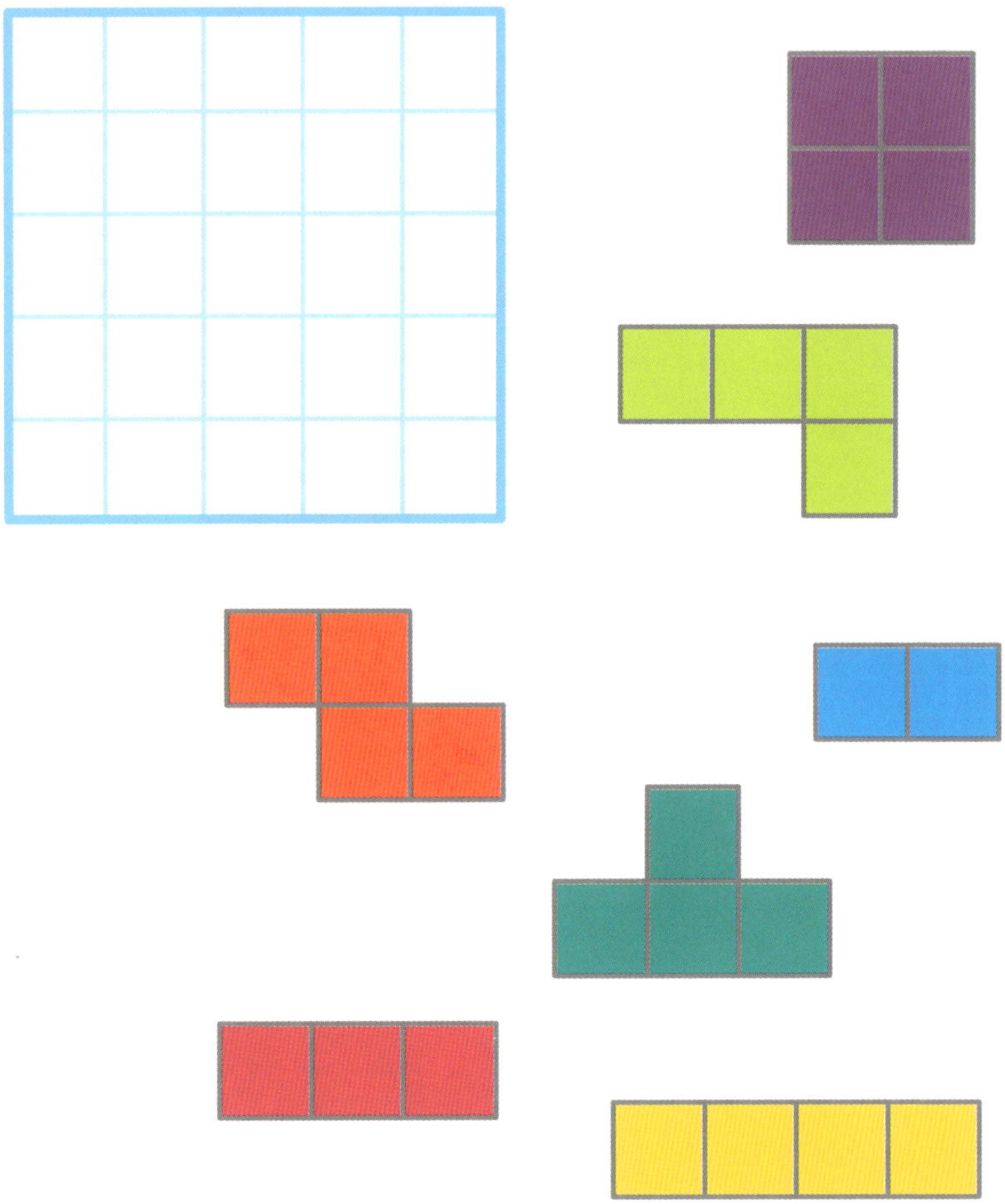

→こたえは 26 ページ

# なぞぺ～ ブロックをしまおう！～平面編《へいめんへん》～

次《つぎ》の３つのわくの中《なか》にブロックをきれいにしまってみよう。

①全部《ぜんぶ》を使《つか》ってきれいにしまってみよう！

②いくつかを選《えら》んできれいにしまってみよう！

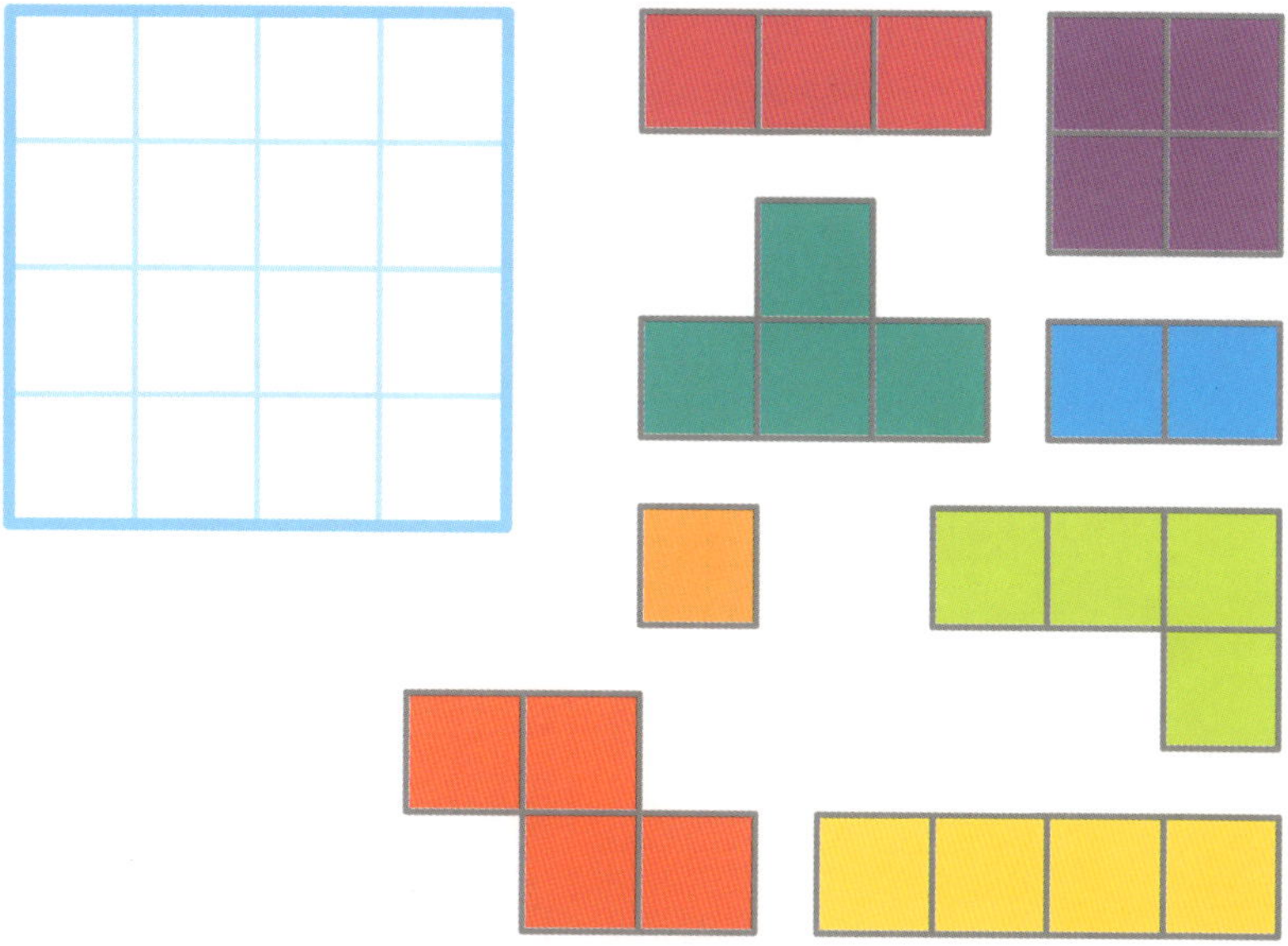

STEP

2

# かたづけ上手《じょうず》な友《とも》だちに学《まな》ぼう

どうしていつも
きれいにしているの？
だってそのほうが
気持《きも》ちいいじゃん。

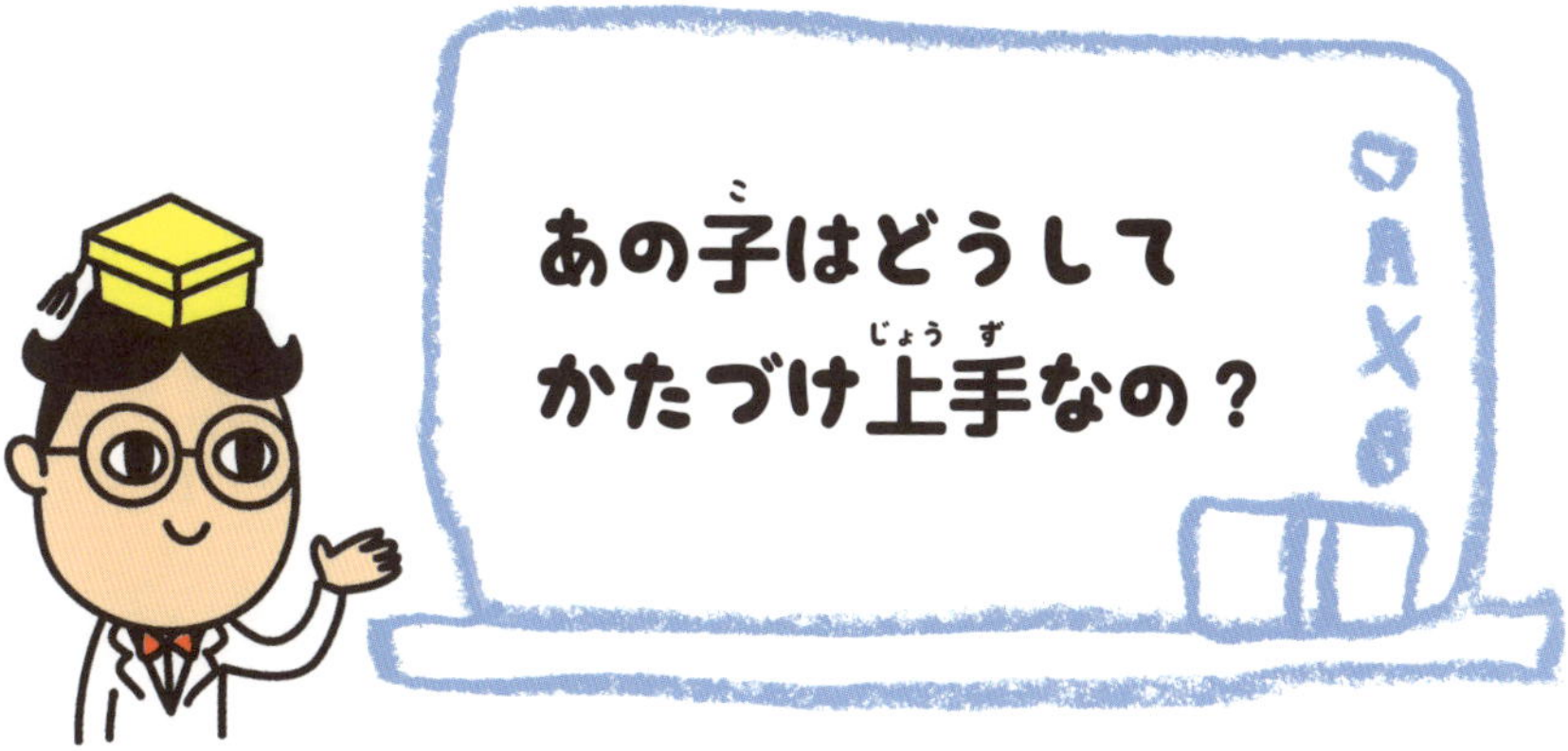

# あの子《こ》はどうして かたづけ上手《じょうず》なの？

じつは、ぼくも昔《むかし》はかたづけが苦手《にがて》だった。でも、心《こころ》の中《なか》ではいつも身《み》の回《まわ》りをきれいにしたいと思《おも》っていたよ。それなのに、自分《じぶん》で何度《なんど》もかたづけを始《はじ》めてみても、どうもうまくいかない。

そこで、かたづけ上手《じょうず》な友《とも》だちのようすを見《み》て、自分《じぶん》とは何《なに》がちがうのかを考《かんが》えてみようと思《おも》ったんだ。

キミの周《まわ》りにも、いつも身《み》の回《まわ》りが整理《せいり》されていて、学《がっ》校《こう》のつくえの中《なか》やロッカーの中《なか》もきれいな友《とも》だちがいるんじゃないかな？　ぼくは、そういう友《とも》だちのようすをしばらく観察《かんさつ》して、かたづけが上手《じょうず》な人《ひと》には、いくつかのパターンがあると気《き》づくことができたんだ。

では、かたづけ上手《じょうず》な子《こ》の心《こころ》の中《なか》って一体《いったい》どうなっているのか、さっそくいっしょに見《み》てみよう！

# かたづけ上手《じょうず》な 3つのタイプ

**① そもそもきれい好《ず》きタイプ**

「散《ち》らかっているのは気持《きも》ち悪《わる》いから、かたづけよう」と自然《しぜん》に考《かんが》える子《こ》たちは、整理整《せいりせい》とんが身《み》についているよ。

**② 二度手間《にどでま》めんどうくさがりタイプ**

散《ち》らかっていることで、結局探《けっきょくさが》し物《もの》をする時間《じかん》がもったいない。かたづかないことで起《お》こることのほうが、よほどめんどうくさいって考《かんが》えるよ。

**③ スタイリッシュな見《み》せ方《かた》タイプ**

かっこよく、オシャレに見《み》られたいと思《おも》うと、自然《しぜん》に不《ふ》要《よう》なものを置《お》かなくなるもの。物《もの》を減《へ》らすというのは整理《せいり》整《せい》とんの第一歩《だいいっぽ》になるんだよ。

# どうしてきれいにかたづけるの？

うちは、パパもママもきれい好《ず》きだし、
わたしもかたづいていないと
なんだか気持《きも》ちが悪《わる》くて……。

・かたづいている状態《じょうたい》が好《す》き
・家族《かぞく》もかたづけ上手《じょうず》なので
その環境《かんきょう》があたりまえ

きれい好《ず》きな
**リスちゃん**

物《もの》を探《さが》すのって手間《てま》じゃん。
すぐ使《つか》いたいし、それにはかたづけて
いるほうがいいよ。

・探《さが》す手間《てま》や時間《じかん》が
もったいない
・かたづいていない
ほうがめんどうくさい

二度手間《にどてま》めんどうくさがりの
**ゾウくん**

散《ち》らかっていると友《とも》だちを家《いえ》に呼《よ》べないじゃん。
自分《じぶん》の好《す》きなものだけ並《なら》べて、
カッコよく見《み》られたいんだよね。

スタイリッシュな
**キリンくん**

・人《ひと》に見《み》られることを意識《いしき》している
・それには余計《よけい》なものを置《お》かない
のがいちばん

## かたづけ上手《じょうず》な友《とも》だちの部屋《へや》

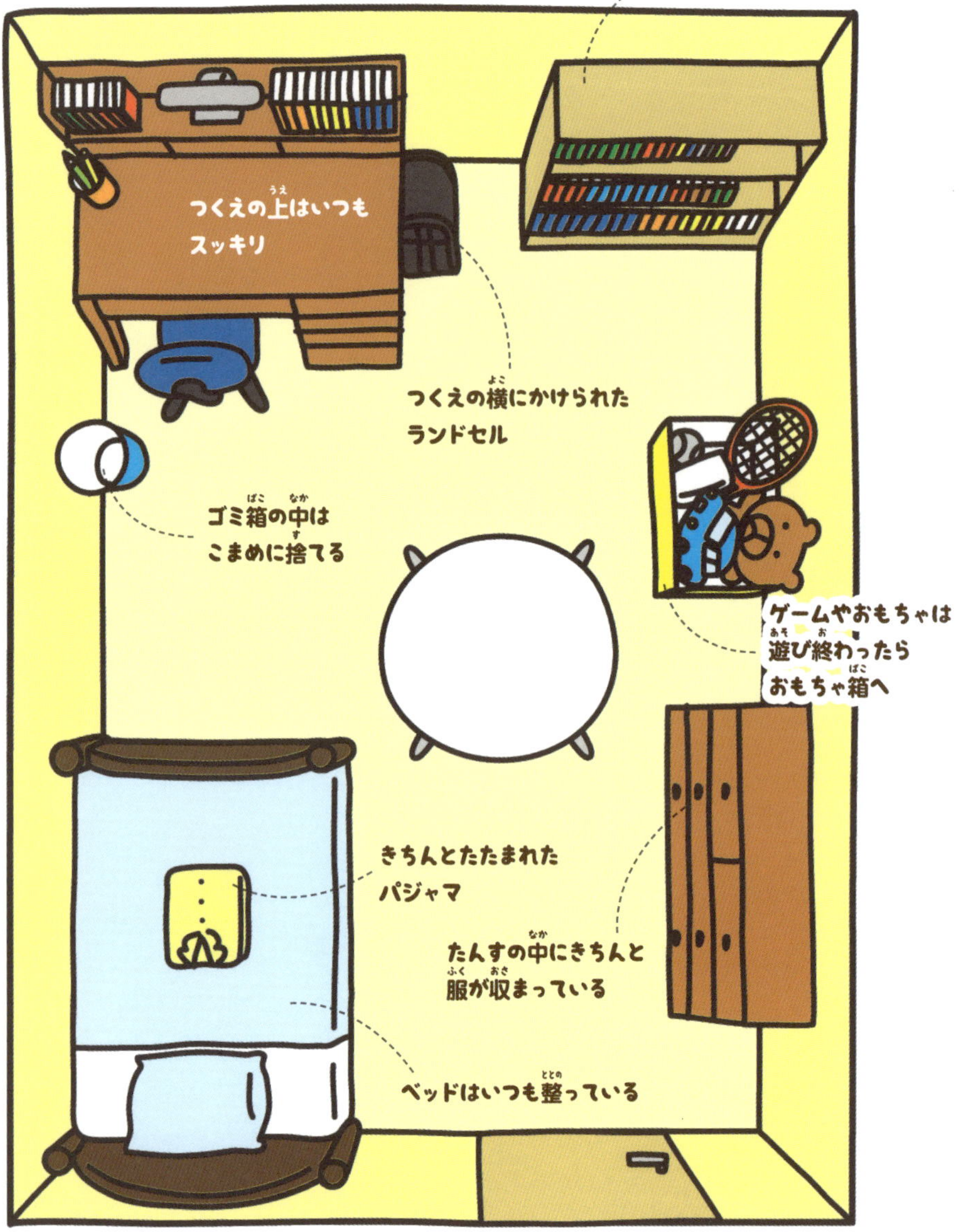

## キミはどのタイプかな？

ひと口《くち》に、整理整《せいりせい》とんが得意《とくい》といっても、いろんなタイプがあるんだね。ただ、一《ひと》つ言《い》えるのは、どのタイプでも、整理整《せいりせい》とんが上手《じょうず》な子《こ》に共通《きょうつう》しているのは、整《ととの》えられた状《じょう》態《たい》をいつも保《たも》っているということなんだ。

キミと同《おな》じタイプの友《とも》だちはいたかな？　もしそうなら、キミもかたづけ上手《じょうず》なのかもしれないね。

それとも、みんな、キミとはちがうタイプだったかな？　でも、かたづけ上手《じょうず》な友《とも》だちの考《かんが》え方《かた》に共感《きょうかん》したり、納得《なっとく》したりするところはあったんじゃないかな？　あるいは、「こんなふうになりたいな」と思《おも》ったかもしれないね。

そうだとしたら、キミにもかたづけ上手《じょうず》になれる可能性《かのうせい》が十分《じゅうぶん》にあるよ。

②

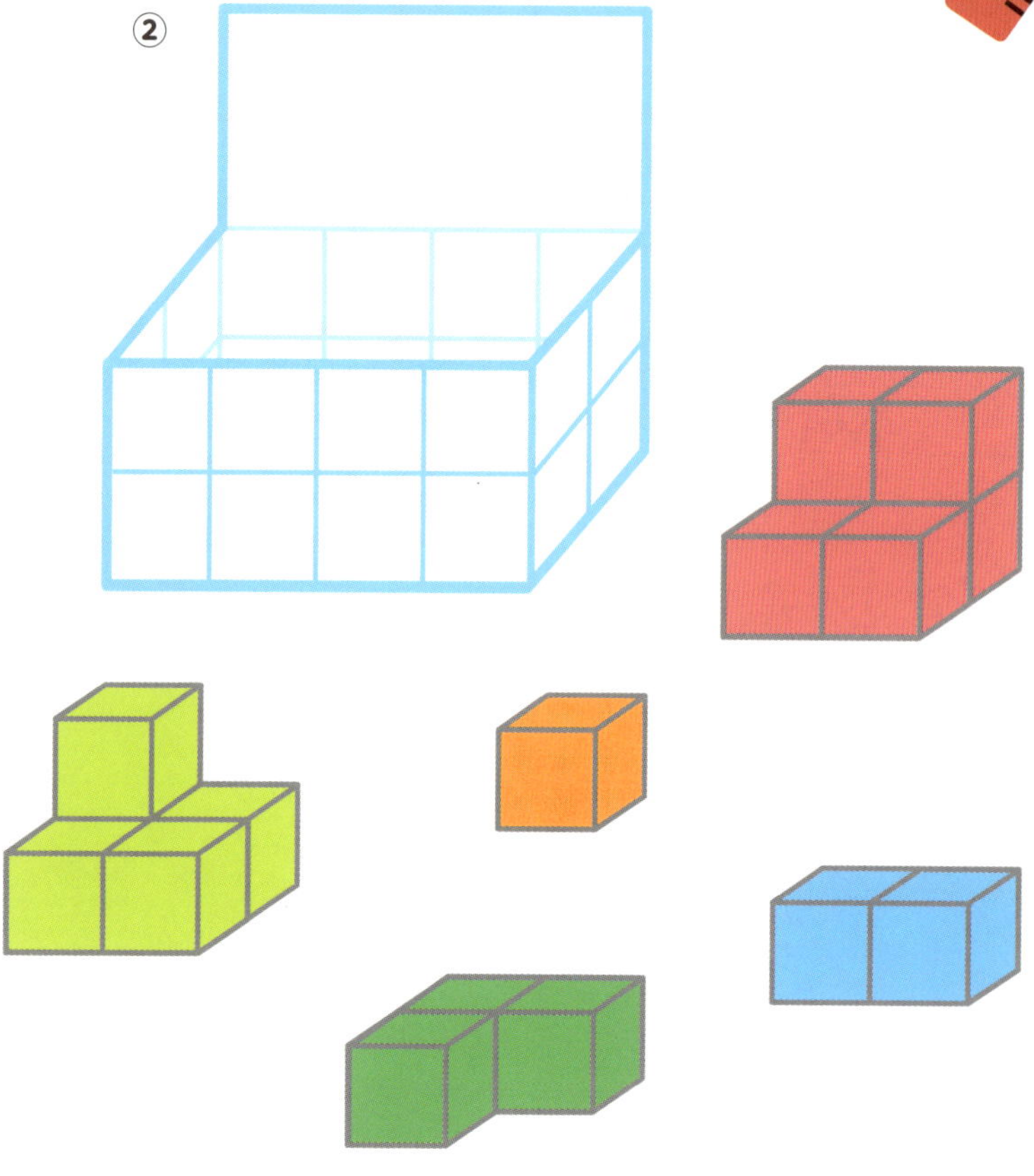

→こたえは 34 ページ

18-19 ページのこたえ

①

②

③

＊こたえの例《れい》です。他《ほか》の組《く》み合《あ》わせも考《かんが》えてみましょう。

なぞぺ～

# ブロックをしまおう！～立体編《りったいへん》～

次《つぎ》の２つの箱《はこ》の中《なか》にブロックをきれいにしまってみよう。

１つだけ使《つか》わないものがあるよ。それはどれかな？

①

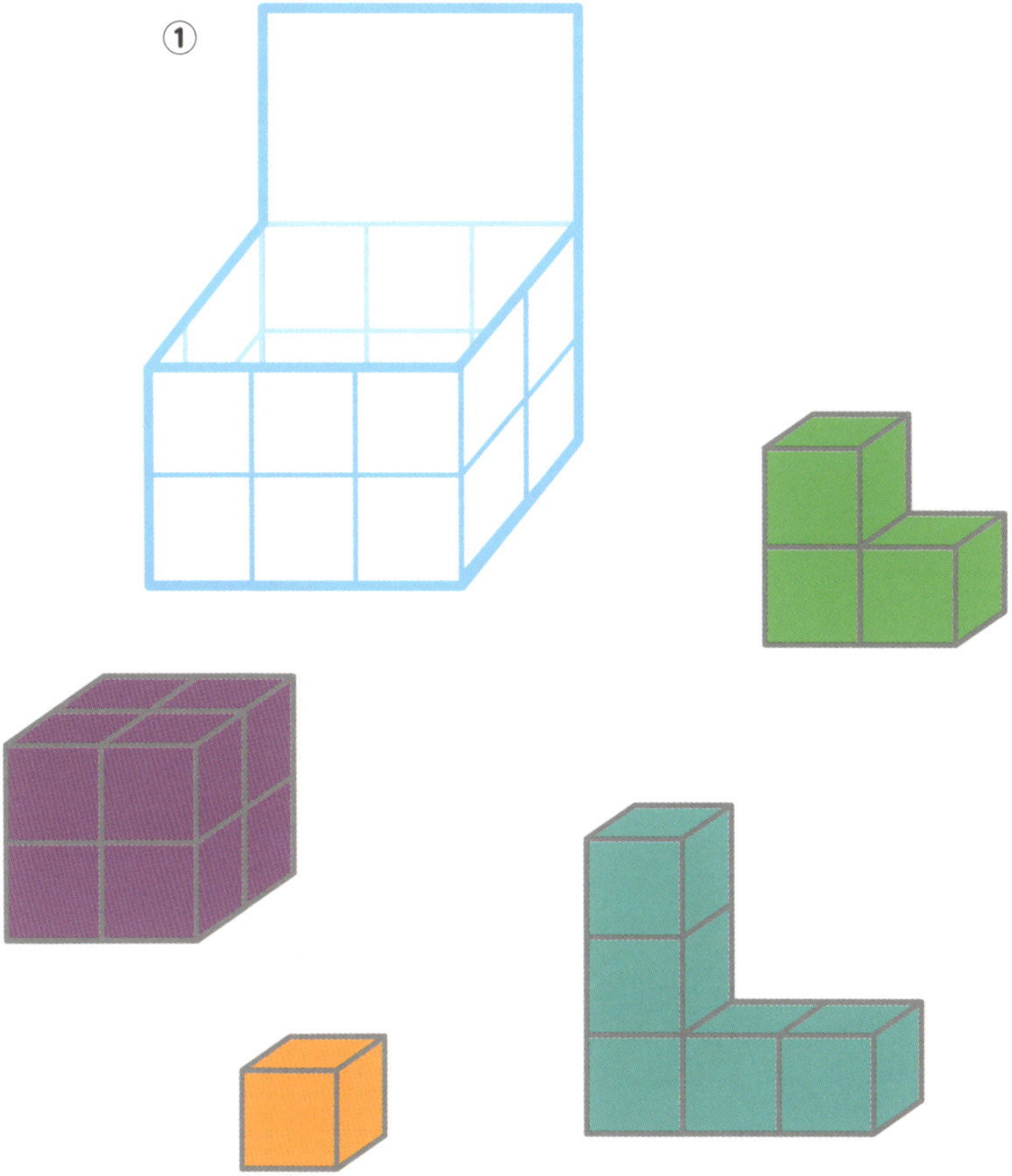

STEP 3

# どうして かたづけられない んだろう？

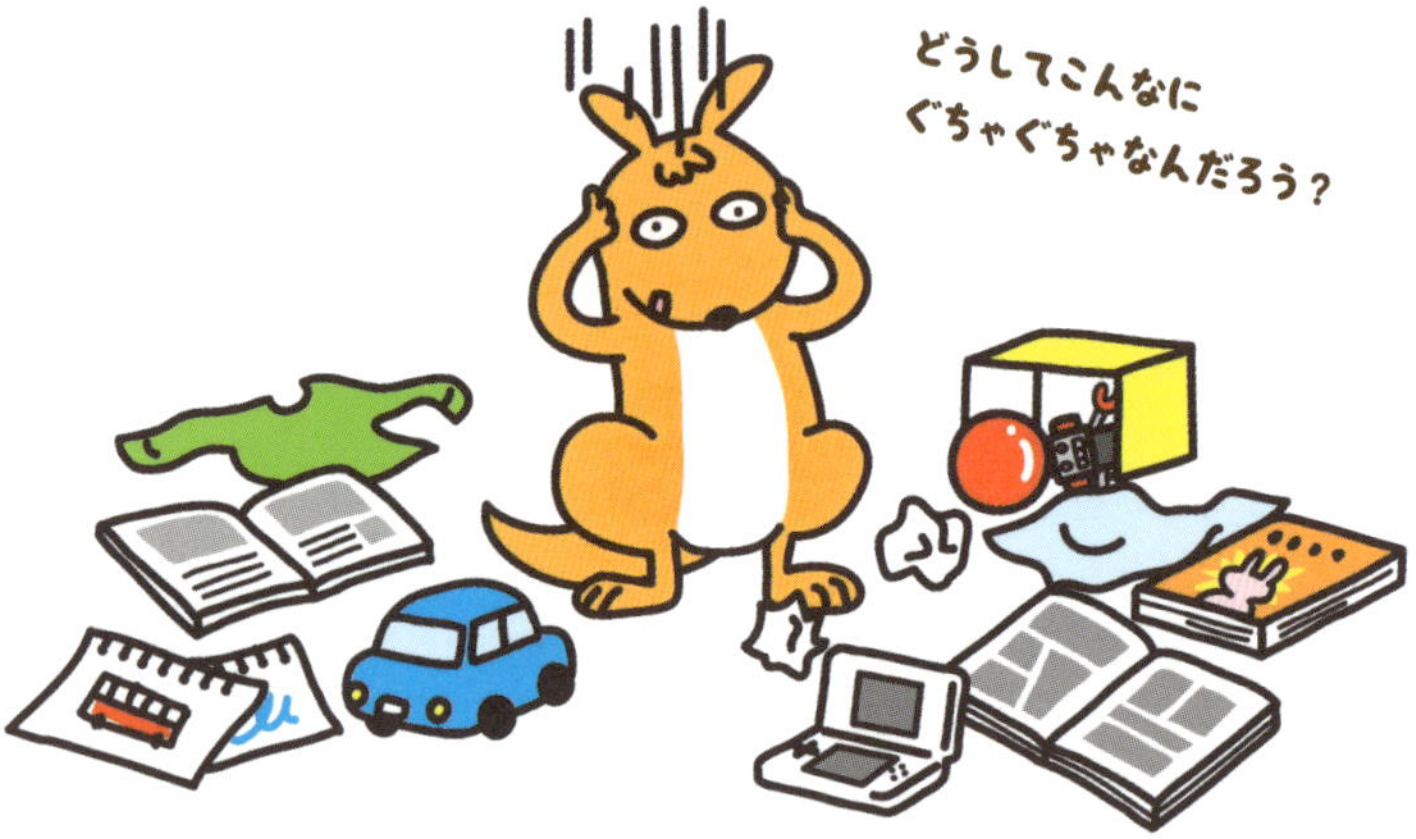
どうしてこんなに
ぐちゃぐちゃなんだろう？

# 「捨《す》てられない」はかたづかない原因《げんいん》

ステップ2では、かたづけが上手《じょうず》な人《ひと》の心《こころ》の中《なか》をのぞいてみたね。今度《こんど》は、今《いま》のキミがどうしてかたづけが苦手《にがて》なのか、その理由《りゆう》を考《かんが》えてみよう！

## ①不要《ふよう》なものを捨《す》てられないタイプ

つくえの中《なか》にいらないものがあふれかえっていて、どこに何《なに》があるかわからないなんてことはないかな？　物《もの》が多《おお》いと、どうしても、ごちゃごちゃ散《ち》らかってしまうよね。

じつは、かたづけをするうえで天敵《てんてき》になるのは、不要《ふよう》なものの多《おお》さであることが多《おお》いんだ。

いらないものを捨《す》てられないところに、かたづけを難《むずか》しくさせている原因《げんいん》がありそうだね。これはステップ4でくわしく解説《かいせつ》するよ。

# 「後《あと》で使《つか》うから」は散《ち》らかる原因《げんいん》

**②出《だ》したものをしまわない散《ち》らかしっぱなしタイプ**

あちこちに物《もの》を置《お》きっぱなしにして、どこに何《なに》があるのかわからなくなってしまう。このタイプの人《ひと》はとても多《おお》いんだ。

こんなふうになるのは、「どうせまた使《つか》うから、とりあえず手《て》が届《とど》くところに置《お》いておいてもいいよね」と考《かんが》えてしまうから。これが続《つづ》いてしまうと、あっという間《ま》に部屋《へや》は散《ち》らかってしまうよね。

ランドセルの中《なか》も同《おな》じことが言《い》えるんだ。「また、いつか『使《つか》うだろうから』そのままにしておこう……」そうして放《ほう》っておくと、必要《ひつよう》のない教科書《きょうかしょ》やプリントがたまっていってしまい、結局必要《けっきょくひつよう》なものを探《さが》す時《とき》に全部出《ぜんぶだ》して散《ち》らかしてしまうことになるね。

## 散《ち》らかしっぱなしのカンガルーくんの部屋《へや》

## しまう場所《ばしょ》がないと どんどん散《ち》らかる

### ③かたづける場所《ばしょ》が決《き》まっていないタイプ

もう一《ひと》つは、かたづける場所《ばしょ》が決《き》まっていなくて、だんだん目《め》に見《み》えるところに物《もの》がたまっていくタイプ。決《けっ》して、後回《あとまわ》しにしようとしているわけではないんだけど、しまう場所《ばしょ》が決《き》まっていないから、とりあえず適当《てきとう》な場所《ばしょ》につめこんでしまう。そこからあふれてくると、また別《べつ》のところに……。それをくり返《かえ》しているうちに、どこに物《もの》があるのかがわからなくなってしまう。

そうすると、結局《けっきょく》、探《さが》すのにガサゴソといろいろなものを出《だ》さなければいけなくなってしまうよね。かたづけが苦《にが》手《て》なキミは、心当《こころあ》たりがあるんじゃないかな？

次《つぎ》のステップでは、「物《もの》が捨《す》てられない」理由《りゆう》をもう少《すこ》しほり下《さ》げて考《かんが》えてみるよ。

# しまう場所《ばしょ》が決《き》まっていないことの問題点《もんだいてん》

しまう場所《ばしょ》が
決《き》まらない
どこにしまおう？
ここでいっか！
しまうところが
ない……
「とりあえず」
置《お》かれたハサミは
どこにいったのか？
とりあえず置《お》く
探《さが》し物《もの》が
見《み》つからない
どこやったっけ？
しかたない、
もう１個《こ》買《か》おう。
新《あたら》しく買《か》うと
物《もの》が増《ふ》える
さらにスペースが
なくなり散《ち》らかる

## A タイプのキミは…

きちょうめんで、きれい好《ず》きなんだね。部《へ》屋《や》もきれいにかたづいているはず。
この調子《ちょうし》でがんばろう！

## B タイプのキミは…

物《もの》をしまう場所《ばしょ》に迷《まよ》っているのかな？　どこに何《なに》をしまうのかを決《き》めるといいよ。
くわしくは STEP6 で！

## C タイプのキミは…

物《もの》を捨《す》てるのが苦手《にがて》なのかもしれないね。物《もの》を減《へ》らすと部《へ》屋《や》がきれいになるよ。
くわしくは STEP5 で！

## D タイプのキミは…

もしかして、かたづけが苦手《にがて》かな？　でも大丈夫《だいじょうぶ》！
続《つづ》きを読《よ》んで、かたづけ方《かた》を学《まな》ぼう！

**26-27ページのこたえ**

なぞぺ〜

# キミはどのタイプ？

キミは整理整《せいりせい》とんができているかな？　自分《じぶん》のタイプを知《し》ろう。

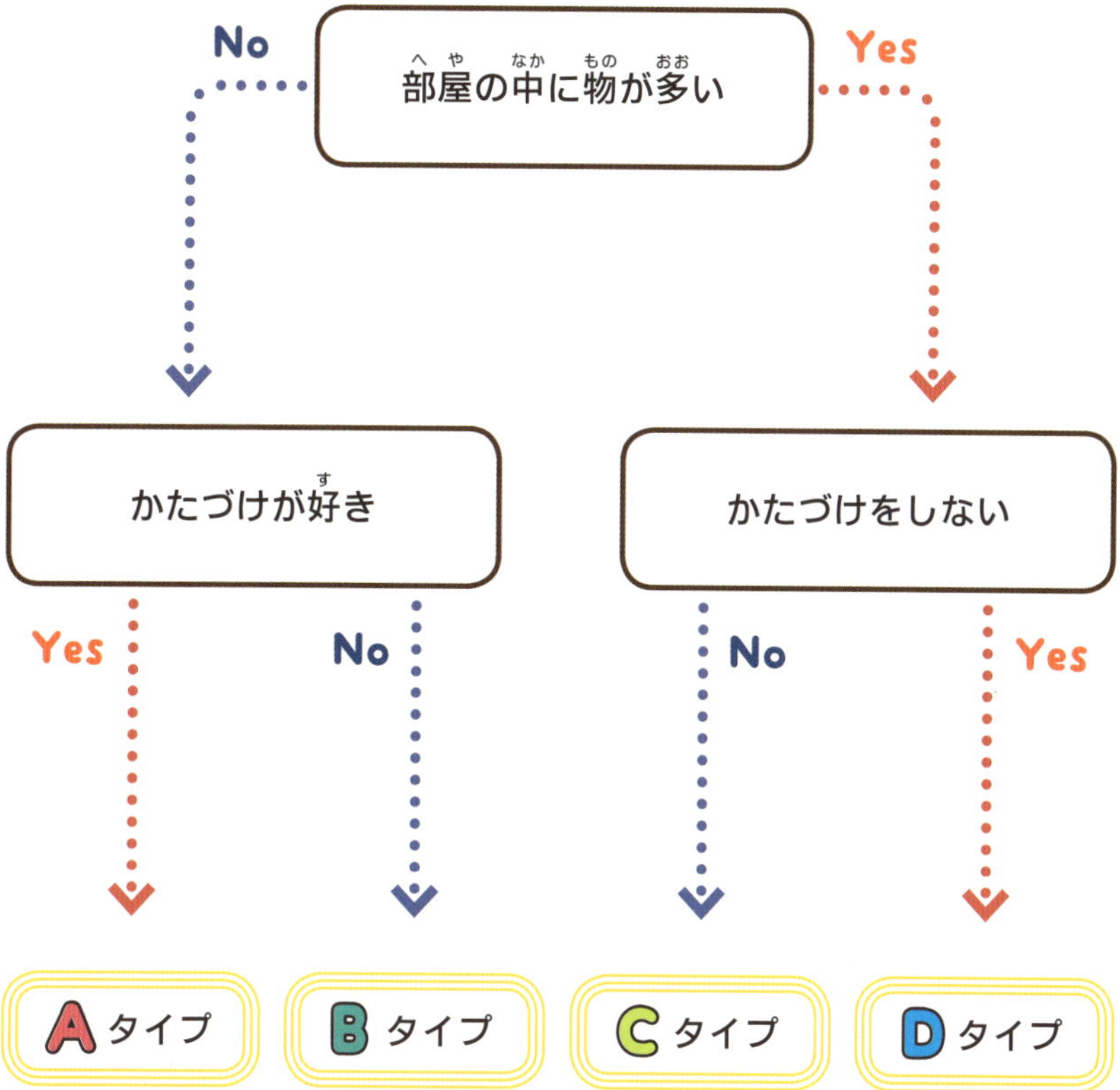

STEP 4

# 「捨《す》てられない病《びょう》」を断《た》ち切《き》ろう！

これはまだ使《つか》うかも。
これは宝物《たからもの》だった。
これもたぶん必要《ひつよう》。

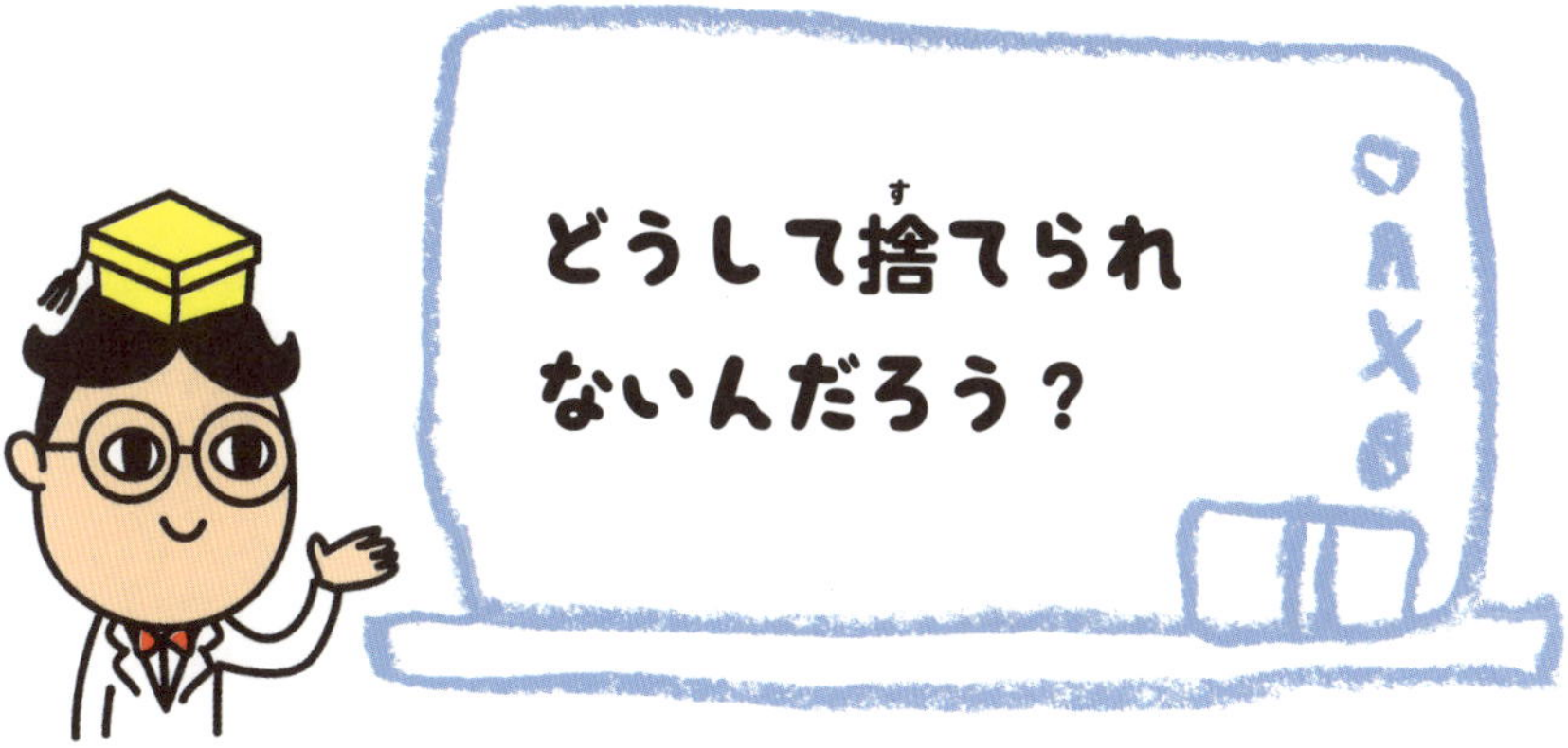

# どうして捨《す》てられないんだろう？

ステップ3で見《み》た通《とお》り、かたづかない大《おお》きな理由《りゆう》は不要《ふよう》なものを捨《す》てていないからなんだ。

逆《ぎゃく》に、かたづけが得意《とくい》な人《ひと》はいらないものをドンドン捨《す》てていって物《もの》の量《りょう》を増《ふ》やさないようにしているんだよね。

でも、どうして、不要《ふよう》なものを捨《す》てられる人《ひと》と、捨《す》てられない人《ひと》がいるんだろう？　それは、捨《す》てるか捨《す》てないかを決《き》めるところで、考《かんが》え方《かた》にちがいがあるからなんだ。

捨《す》てられる人《ひと》は、必要《ひつよう》なものと不要《ふよう》なものを分《わ》けることができる。だけど、捨《す》てられない人《ひと》は、いろいろな理由《りゆう》で、本当《ほんとう》は不要《ふよう》なものでも、捨《す》てられないと思《おも》ってしまうんだ。

では、捨《す》てられない理由《りゆう》ってなんだろう？

キミはどうして物《もの》を捨《す》てられないのかな？　捨《す》てずにとっておく時《とき》の気持《きも》ちを思《おも》い出《だ》してみよう。

## 思《おも》い出《で》は物《もの》としてではなく、記憶《きおく》としてとっておこう

考《かんが》えてみよう
1

### ①昔《むかし》の思《おも》い出《で》がつまっているものだから

「今《いま》は全然《ぜんぜん》使《つか》わなくなってしまったけど、小《ちい》さいころ、このおもちゃを使《つか》ってよく遊《あそ》んでいたな～。う～ん、もう使《つか》わないけど大切《たいせつ》なものだったから残《のこ》しておこう。」

気持《きも》ちはとてもよくわかる。でも、たとえば着《き》られなくなった洋服《ようふく》は、やっぱりいつか捨《す》てる日《ひ》がくるよね。

そして、おもしろいもので大事《だいじ》にしまったものでも、普段《ふだん》はしまったことすら思《おも》い出《だ》せなかったりするんだ。つまり、今《いま》、必要《ひつよう》のないものはまったく忘《わす》れているんだよね。

だから大事《だいじ》なのは思《おも》い出《で》の品《しな》を箱《はこ》にしまうことではないと思《おも》うんだ。必要《ひつよう》としていたころに自分《じぶん》といっしょにいてくれたことに感謝《かんしゃ》して、思《おも》い出《で》は胸《むね》にしまい、役目《やくめ》を終《お》えたものは捨《す》てていく勇気《ゆうき》をもつべきなんだ。

## 思《おも》い出《で》のしまい方《かた》

ほんとうに大切《たいせつ》なもの
だけを宝箱《たからばこ》にしまう

写真《しゃしん》にとって
アルバムをつくり、
物《もの》そのものは残《のこ》さない

## 物《もの》を捨《す》てずに活《い》かす方法《ほうほう》

使《つか》えるものに
リサイクル

大事《だいじ》にしてくれる人《ひと》に
プレゼント

考《かんが》えてみよう 2

# とっておいても あまり使《つか》わない ものを知《し》ろう

## ②もしかしたら、まだ使《つか》うかもしれないから

これはなやむよね。絶対《ぜったい》に必要《ひつよう》だとは言《い》えないけれども、いつか使《つか》うかもしれない。あるいは、あれば便利《べんり》かもしれない。そう、①と決定的《けっていてき》にちがうのは「もしかしたら使《つか》うかも」という可能性《かのうせい》があるところ。

さあ、キミはここでなやんだらどうする？

こたえは、「迷《まよ》わず捨《す》てる」。かたづけ上手《じょうず》な人《ひと》はみんなそうしているんだ。

これは不思議《ふしぎ》なもので「使《つか》うかもしれないもの」って、ほとんど使《つか》うことがないまま限《かぎ》りあるしまう場所《ばしょ》（収納《しゅうのう》スペースって言《い》うよ）でずっと眠《ねむ》り続《つづ》けているんだ。

こういうものは、じつはすごく多《おお》いんだよね。だから、思《おも》いきって捨《す》てられると物《もの》はすごく減《へ》っていくよ！

## ホントにまだ使《つか》う？

今年《ことし》一度《いちど》も着《き》なかった服《ふく》や
小《ちい》さくなった服《ふく》

あまり遊《あそ》ばなく
なったおもちゃ

今後《こんご》はやる予定《よてい》のない
パーティーの道具《どうぐ》

使《つか》い終《お》わったノートや
短《みじか》くなったえんぴつ、
小《ちい》さくなった消《け》しゴムなど

**思《おも》い切《き》って捨《す》てることも大事《だいじ》**

物《もの》を大切《たいせつ》にすることは大事《だいじ》
だけど、使《つか》わないものを捨《す》てる
勇気《ゆうき》も必要《ひつよう》だよ。

④リビングで

⑤台所《だいどころ》で

⑥お風《ふ》呂《ろ》で

⑦自分《じぶん》の部屋《へや》で

→こたえは50ページ

なぞぺ～

# 失《な》くしたものを探《さが》そう！

失《な》くしたものを

下《した》のせんたくしから

見《み》つけよう。

こう考《かんが》えてみよう

せんたくしには使《つか》わないものも
あるよ。ひっかからないように、
使《つか》う場面《ばめん》を思《おも》いうかべよう。

①勉強《べんきょう》セット

②体育《たいいく》・プールセット

③給食《きゅうしょく》セット

せんたくし

STEP

# 5

# いよいよ実践《じっせん》！「整理《せいり》」を始《はじ》めてみよう

# 「整理整《せいりせい》とん」って何《なん》だろう？

よく「整理整《せいりせい》とん」ってまとめて言《い》うことがあるけれど、じつは「整理《せいり》」と「整《せい》とん」ではやることがちがうんだ。
「整理《せいり》」は乱《みだ》れた状態《じょうたい》のものを整《ととの》え、不要《ふよう》なものを取《と》り除《のぞ》くことを意味《いみ》するよ。

一方《いっぽう》で、「整《せい》とん」には、不要《ふよう》なものを取《と》り除《のぞ》くという意味《いみ》はない。これは規則《きそく》を決《き》めて正《ただ》しい位置《いち》に置《お》くという意味《いみ》なんだ。

物《もの》をかたづけるには、先《さき》に不要《ふよう》なものを捨《す》てて、それから正《ただ》しい位置《いち》に置《お》くのが効果的《こうかてき》だよ。

だから「整理《せいり》→整《せい》とん」という順番《じゅんばん》なんだね。

では、いよいよ具体的《ぐたいてき》な「整理《せいり》の方法《ほうほう》」について考《かんが》えていこう。

やってみよう 1

## まずは全部出《ぜんぶだ》して捨《す》てるものを明《あき》らかに！

ここで整理《せいり》を始《はじ》める前《まえ》にとても大切《たいせつ》なことを伝《つた》えておこう。それはかたづける場所《ばしょ》をしぼることと、十分《じゅうぶん》な時間《じかん》を取《と》ることなんだ。いっぺんにいろいろな場所《ばしょ》をかたづけようとすると大変《たいへん》だし、時間《じかん》が足《た》りなくて終《お》わらないと、結局《けっきょく》散《ち》らかったままになるからね。まずはつくえの中《なか》、それが終《お》わったら本《ほん》だなというように、一《いっ》か所《しょ》ずつ時間《じかん》を決《き》めてやるのがコツだよ。

場所《ばしょ》を決《き》め、時間《じかん》が取《と》れることを確認《かくにん》したら、かたづけをしようとする場所《ばしょ》のものを全部《ぜんぶ》出《だ》して、捨《す》てるものをはっきりさせることから始《はじ》めてみよう。

もしかしたらいちばん散《ち》らかっている状態《じょうたい》になるかもしれない。でも、かたづけをする大事《だいじ》なプロセスだから気《き》にせずに全部《ぜんぶ》引《ひ》っ張《ぱ》り出《だ》してみてごらん。

## つくえの中《なか》のものを全部出《ぜんぶだ》してみよう

### つくえの中《なか》に入《はい》っていたもの

## 捨《す》てる？
## 捨《す》てない？
## を決《き》めよう

次《つぎ》に、必要《ひつよう》なものと不要《ふよう》なものを振《ふ》り分《わ》ける。ステップ4で見《み》た通《とお》り、「使《つか》うかもしれないもの」を迷《まよ》わず捨《す》てることで大幅《おおはば》に時間《じかん》は短縮《たんしゅく》できるよ！

それでもなやむものが出《で》たら、いったん箱《はこ》をつくって入《い》れておこう。そして、他《ほか》のすべてのものが整理《せいり》できた後《あと》に、もう一度《いちど》考《かんが》えてみよう。

おそらく、この整理《せいり》が終《お》わると、ずいぶん物《もの》の量《りょう》はスッキリするはずなんだ。

ここで感《かん》じておいてもらいたいのは、身《み》の回《まわ》りには意外《いがい》と使《つか》わないもの、必要《ひつよう》のないものが多《おお》いということ。「使《つか》うかも」と思《おも》って買《か》ってみても、使《つか》わないままつくえにしまっているものはあるよね。整理《せいり》を通《とお》して、ぜひ不要《ふよう》なものを増《ふ》やさないようにすることも心《こころ》に残《のこ》しておいてね。

# 捨《す》てるものはどれ？

47ページのつくえの中《なか》のもののうち、キミはどれを捨《す》てるかな？

つくえの中《なか》に入《はい》っていたもの

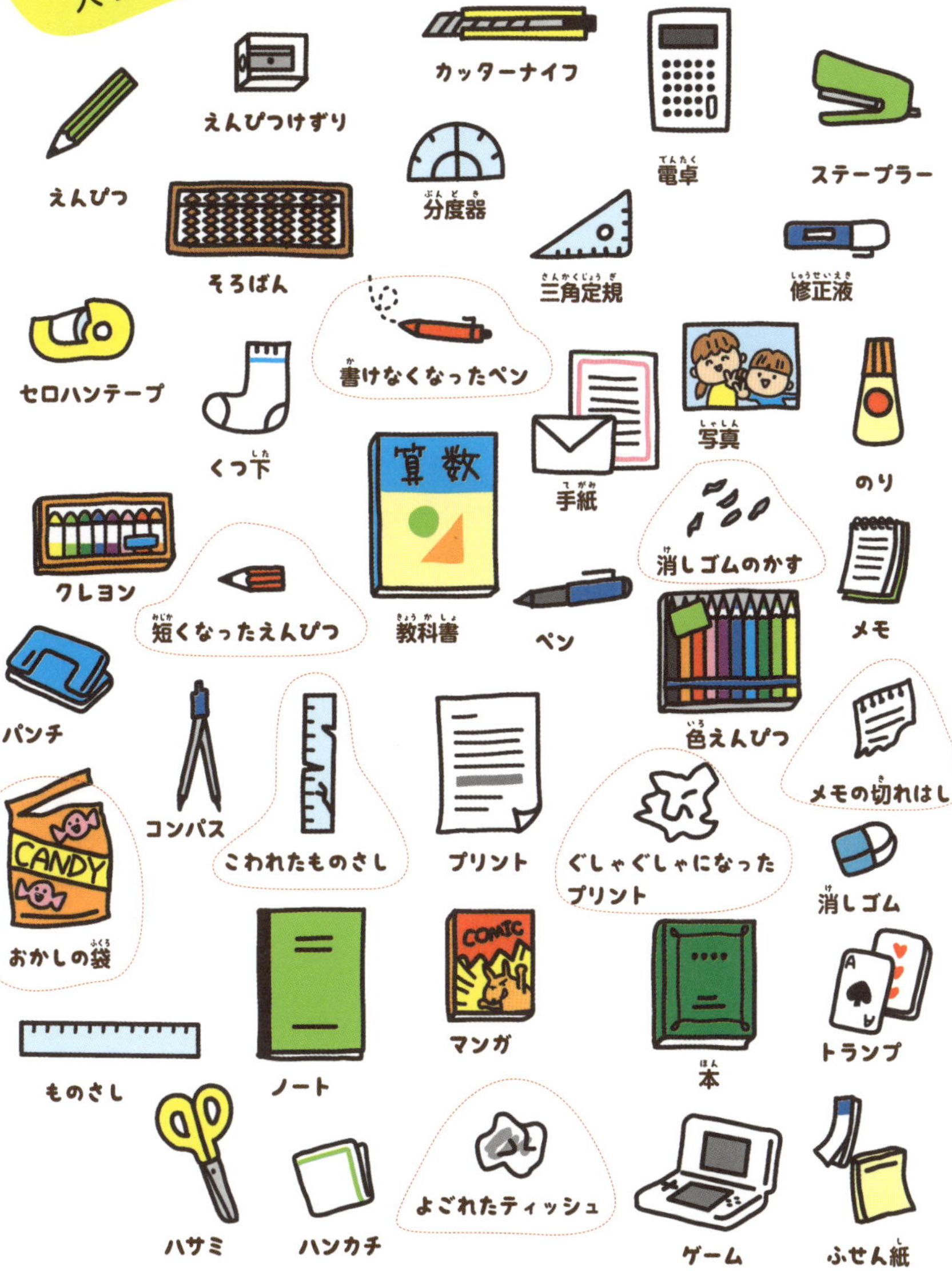


はゴミ、こわれたもの、もう使《つか》えないものだから捨《す》ててしまおう。

どうして「いる」または「いらない」にしたのか、
理由《りゆう》を考《かんが》えてみよう。

**「いる」にした理由《りゆう》**

例《れい》 大事《だいじ》な思《おも》い出《で》だから

**「いらない」にした理由《りゆう》**

例《れい》 やぶれているから

**こう考《かんが》えてみよう**

いるかいらないかの理由《りゆう》は人《ひと》によって
ちがうよ。自分《じぶん》なりの基準《きじゅん》をもとう。

**42-43ページのこたえ**

①

②

③

④

⑤

⑥

⑦

# いる？　いらない？

次《つぎ》のものをいるものいらないものに仕分《しわ》けしてみよう。

いる・いらないのどちらだと思《おも》うか〇をつけてみよう。

- 短《みじか》くなったえんぴつ　（いる・いらない）
- ねりけし　（いる・いらない）
- 夏休《なつやす》みにつくった工作《こうさく》　（いる・いらない）
- 前《まえ》の学年《がくねん》の教科書《きょうかしょ》・ノート　（いる・いらない）
- もう遊《あそ》んでいないゲーム機《き》　（いる・いらない）
- 集《あつ》めていたカード・シール　（いる・いらない）
- 読《よ》み終《お》わったマンガ　（いる・いらない）
- ぬいぐるみ　（いる・いらない）
- あなのあいたくつ下《した》　（いる・いらない）
- おみやげのキーホルダー　（いる・いらない）
- 花《はな》がかれたままの植木《うえき》ばち　（いる・いらない）
- 手紙《てがみ》・年賀状《ねんがじょう》　（いる・いらない）

STEP 6

# グループごとに整《せい》とんをしよう！

# 整《せい》とんする、その前《まえ》に……

整理《せいり》が終《お》わると、おのずと必要《ひつよう》なものだけが残《のこ》るはずだよね。ということは、今《いま》まで不要《ふよう》なものがうまっていた場所《ばしょ》は、何《なに》もなくなっている状態《じょうたい》になるんだ。つまり、物《もの》をかたづけられる場所《ばしょ》が増《ふ》えたわけだよね。

「よし！　必要《ひつよう》なものだけになったし、あとは空《あ》いたスペースに入《い》れちゃおう！」と思《おも》っているキミ！

ちょっと待《ま》って。ステップ3で見《み》た通《とお》り、かたづける場所《ばしょ》をあらかじめ決《き》めておかないと、必《かなら》ずまた散《ち》らかるし、不要《ふよう》なものが増《ふ》えていく原因《げんいん》になるんだ。

不要《ふよう》なものが増《ふ》えるとどうなるかな？　そう、また整理《せいり》をしないといけなくなるね！　じつは、かたづける場所《ばしょ》が決《き》まっていないと、整理《せいり》ばかりをくり返《かえ》すことになるんだ。

そうなってしまう流《なが》れを、くわしく見《み》てみよう。

## しまう場所《ばしょ》を決《き》めないと困《こま》ったことに……

考《かんが》えてみよう

たとえば、家族《かぞく》みんなで使《つか》うハサミ。家族《かぞく》のみんなが使《つか》うものは決《き》まった場所《ばしょ》に置《お》いてあることが多《おお》いけど、だれかが使《つか》い終《お》わって、いつもとちがう場所《ばしょ》にかたづけたり、置《お》きっぱなしにしたりしたらどうなるかな？

当然《とうぜん》、次《つぎ》に使《つか》う人《ひと》は探《さが》すことになるよね。もし、探《さが》しても見《み》つからなければ、新《あたら》しく買《か》ってしまうかもしれない。でも、買《か》った後《あと》に探《さが》していたハサミが見《み》つかったら……。その瞬間《しゅんかん》に買《か》ったハサミは不要《ふよう》なものになってしまう。

そんなことをくり返《かえ》していたら、どんどん不要《ふよう》なものが増《ふ》えてしまうね。同《おな》じことはキミのスペースでも当然《とうぜん》起《お》こることなんだ。結果《けっか》、また整理《せいり》をする時間《じかん》を取《と》ることになる。だから「整《せい》とん」が大事《だいじ》。整《せい》とんはかたづいた状態《じょうたい》を保《たも》つための方法《ほうほう》なんだね。

# しまう場所《ばしょ》を決《き》めないことの問題点《もんだいてん》

他《ほか》の人《ひと》が困《こま》る

探《さが》すのに
時間《じかん》がかかる

新《あたら》しいものを買《か》う
お金《かね》がもったいない

結局《けっきょく》ムダに
なってしまう

やってみよう 1

# しまう前《まえ》に グループに分《わ》けよう

では具体的《ぐたいてき》にどのように整《せい》とんをすればきれいに整《ととの》った状態《じょうたい》を保《たも》てるのだろう？　まず、いきなりしまい始《はじ》めないことが大事《だいじ》だよ。

今《いま》は必要《ひつよう》なものだけがあるはずだよね。でも、何《なに》に使《つか》うのかや、どのくらい使《つか》うのかは、ものによって似《に》ていたり、大《おお》きくちがっていたりするよね。

簡単《かんたん》に言《い》うと、洋服《ようふく》と筆記用具《ひっきようぐ》をまとめてタンスにしまわないよね。それは使《つか》う目的《もくてき》がちがうものだから。でも、洋服《ようふく》とくつ下《した》と下着《したぎ》は同《おな》じタンスにしまうものだし、えんぴつと赤《あか》えんぴつと消《け》しゴムはやっぱり同《おな》じつくえの引《ひ》き出《だ》しにしまうものだね。

こんなふうに、しまう前《まえ》に物《もの》の種類《しゅるい》や使《つか》う目的《もくてき》によってグループに分《わ》けるのが整《せい》とんの第一段階《だいいちだんかい》だよ。

# つくえの中《なか》のもののグループ分《わ》け

49ページでいるものにしたものをグループ分《わ》けしよう！

## つくえにしまうもの

文具《ぶんぐ》・道具《どうぐ》
しょっちゅう使《つか》うもの
えんぴつ
ペン
カッターナイフ
消《け》しゴム
修正液《しゅうせいえき》
えんぴつけずり
ステープラー
ものさし
パンチ
セロハンテープ
ハサミ
のり
ふせん紙《し》
たまにしか使《つか》わないもの
色《いろ》えんぴつ
そろばん
コンパス
電卓《でんたく》
クレヨン
分度器《ぶんどき》
三角定規《さんかくじょうぎ》
教科書《きょうかしょ》
ノート
算数
教科書《きょうかしょ》・ノート
プリント
写真《しゃしん》
手紙《てがみ》
メモ
プリント・手紙《てがみ》・メモ・写真《しゃしん》

## つくえ以外《いがい》にしまうもの

くつ下《した》
ハンカチ
たんすへ
ゲーム
トランプ
おもちゃ箱《ばこ》へ
COMIC
マンガ
本《ほん》
本《ほん》だなへ

やってみよう 2

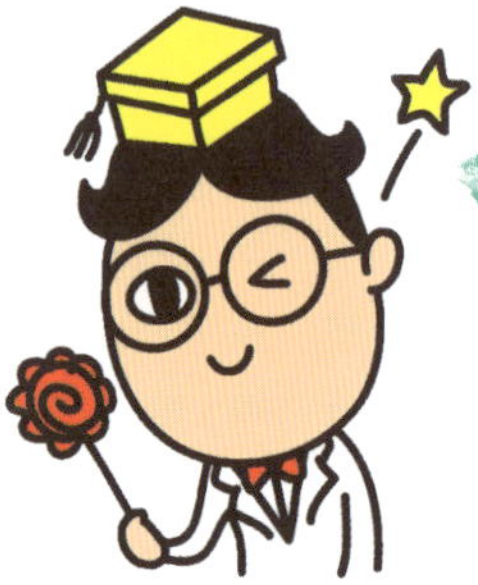

## グループごとにしまう場所《ばしょ》を決《き》めて名前《なまえ》をつけよう

たとえば、たんすの中《なか》でも「ここはくつ下《した》をしまうところ」、「ここは洋服《ようふく》をしまうところ」など自然《しぜん》とルールを決《き》めていることはないかな？

こんなふうに、しまう場所《ばしょ》を決《き》めておくこと、これはとても大事《だいじ》なんだ。

でも、「何《なん》となく、ここにしよう」はダメ。そこにしまうことを強《つよ》く意識《いしき》するために、また、そこ以外《いがい》に置《お》く場所《ばしょ》はないと意識《いしき》づけるために「なぜ、ここに置《お》くのか」という理由《りゆう》をはっきりさせるといいんだ。

そして、無意識《むいしき》に同《おな》じ場所《ばしょ》にしまえるようになるまで、引《ひ》き出《だ》し部分《ぶぶん》に目《め》に見《み》える形《かたち》で何《なに》をしまっているのかがわかるように、グループごとに名前《なまえ》をつけて、テープではりつけておくことも、すごく効果的《こうかてき》でおすすめだよ！

# つくえの中《なか》のものの置《お》き場所《ばしょ》を決《き》めよう

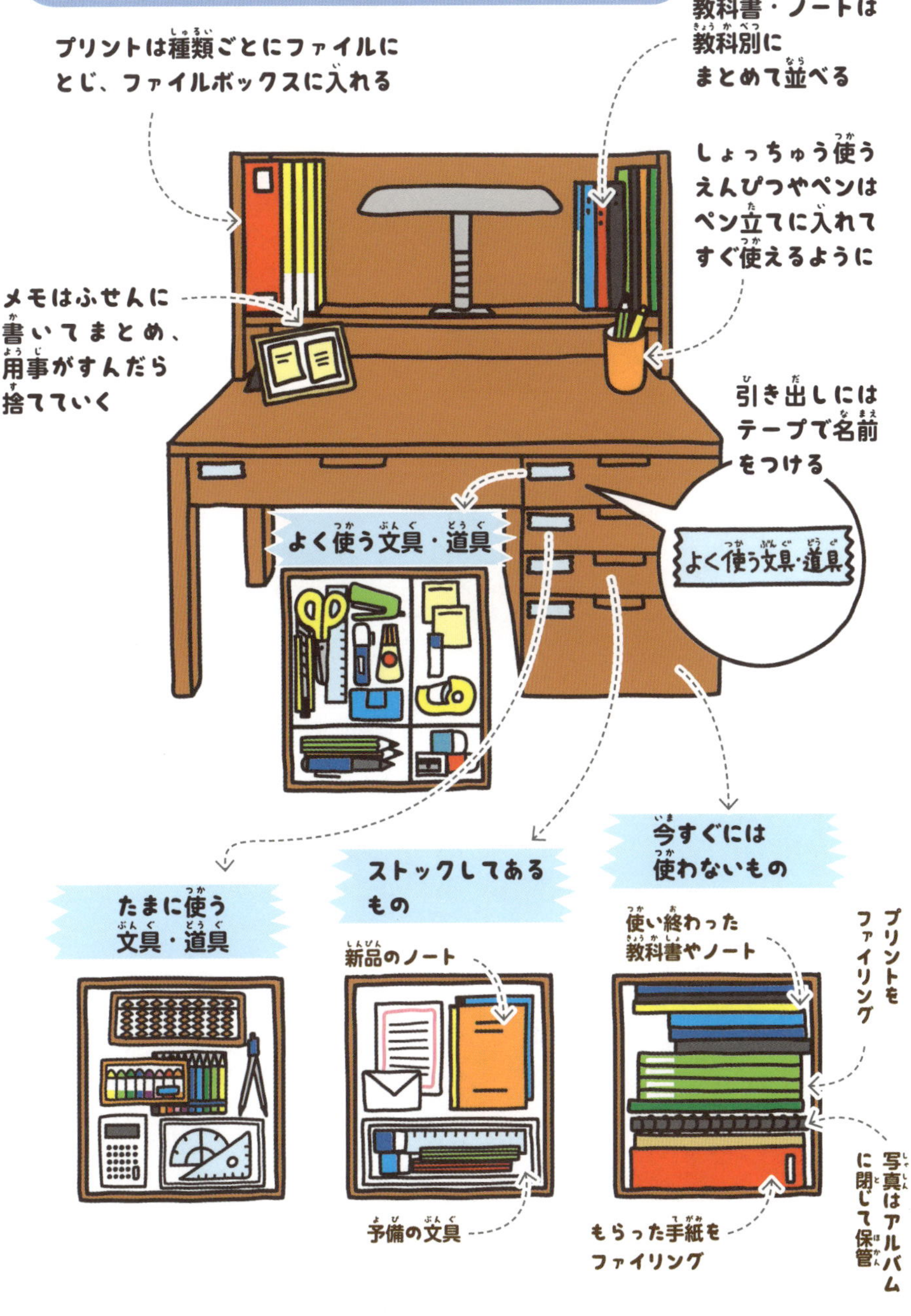

## ② 次《つぎ》の図形《ずけい》を分《わ》けてみよう。

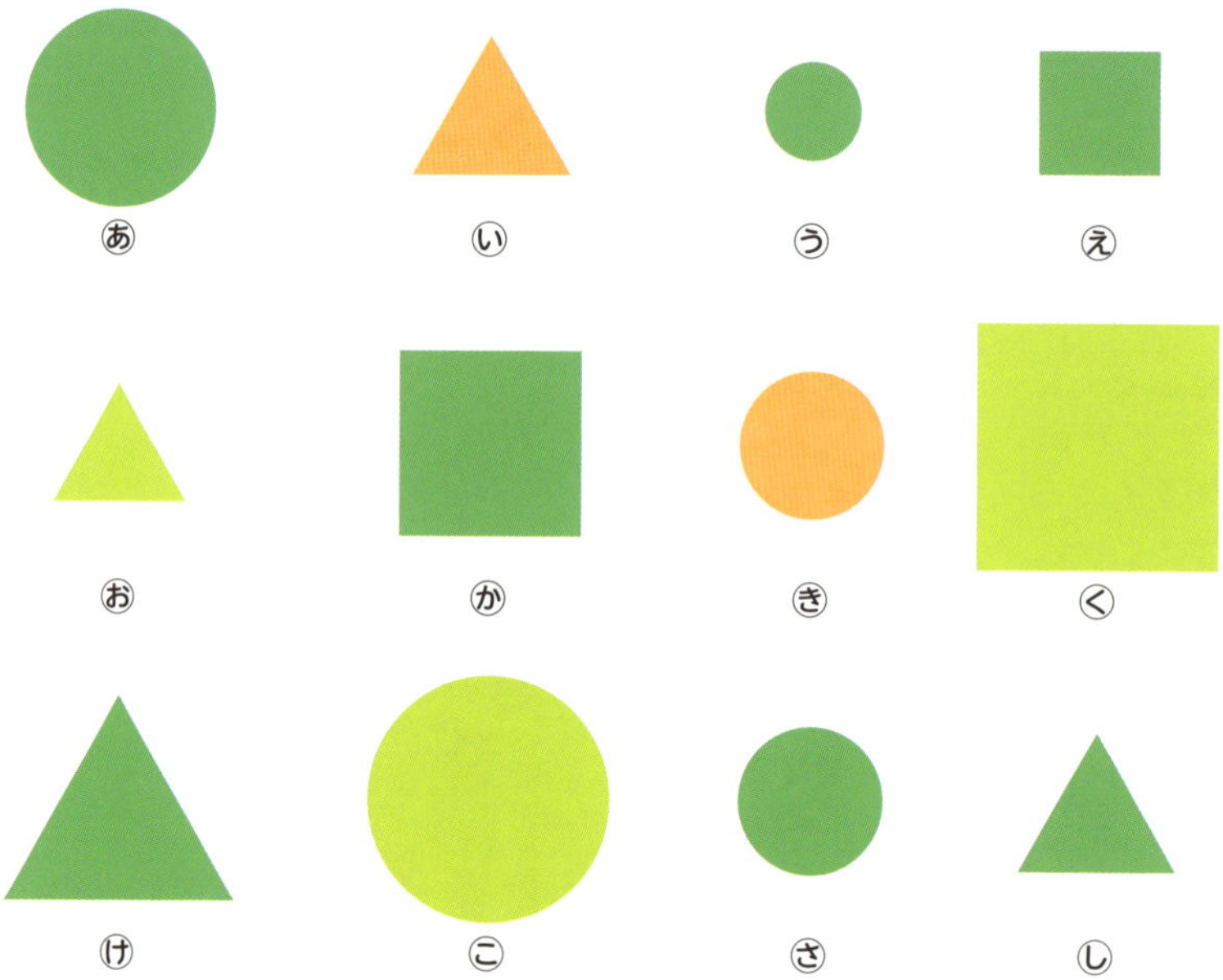


（　　　　　）で分《わ》けると

| | | |
|---|---|---|
| 5 | 4 | 3 |

（　　　　　）で分《わ》けると

| | | |
|---|---|---|
| 7 | 3 | 2 |

→こたえは70ページ

なぞぺ〜

# グループごとに分《わ》けてみよう！

## ①次《つぎ》の筆記用具《ひっきようぐ》を分《わ》けてみよう。

**こう考《かんが》えてみよう**

こたえのらんの数字《すうじ》は、なかまの数《かず》を表《あらわ》しているよ。

（　　　　　）で分《わ》けると

| | | |
|---|---|---|
| 3 | 3 | 1 |

（　　　　　　　　　）で分《わ》けると

| | | |
|---|---|---|
| 3 | 2 | 2 |

STEP 7

# すべてのスタートはランドセルの整《せい》理《り》から！

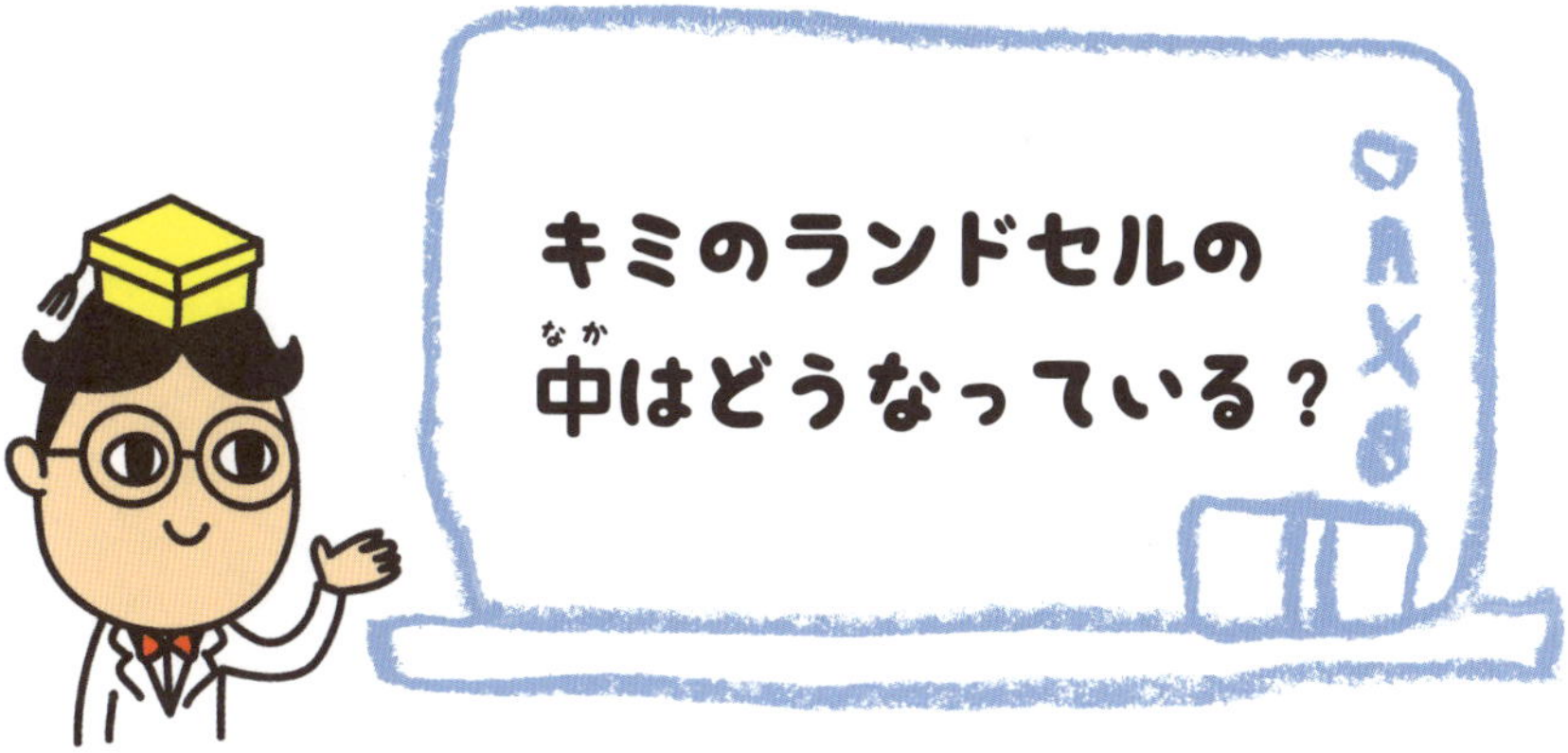

# キミのランドセルの中《なか》はどうなっている？

整理整《せいりせい》とんに苦手意識《にがていしき》をもっていたり、部屋《へや》がかたづかないことになやんでいたりして、この本《ほん》を手《て》に取《と》ってくれたキミは、もしかしたらランドセルの中《なか》もごちゃごちゃなんじゃないかな？

じつは、整理整《せいりせい》とんを実践《じっせん》する時《とき》に、まず手《て》をつけるのにおすすめなのはランドセルなんだ。

毎日《まいにち》のように使《つか》っているランドセルが整理整《せいりせい》とんされている状態《じょうたい》を保《たも》てると、他《ほか》の部分《ぶぶん》も整理整《せいりせい》とんしておきたいというやる気《き》が不思議《ふしぎ》と起《お》こってくるんだ。やる気《き》がないかたづけは絶対《ぜったい》にはかどらないからね。きれいなものを見《み》て、やる気《き》を出《だ》すのはとても大事《だいじ》！

さあ、まずはランドセルを使《つか》って「整理整《せいりせい》とん」を実践《じっせん》してみよう。

# ランドセルの整理整《せいりせい》とんをしてみよう

## ①ランドセルの中身《なかみ》を一度《いちど》全部《ぜんぶ》出《だ》す

まずはランドセルの中身《なかみ》を全部《ぜんぶ》出《だ》してみよう。ランドセルに物《もの》をしまったままでは整理《せいり》ははかどらないからね。

## ②必要《ひつよう》なものと不要《ふよう》なものに分《わ》ける

全部《ぜんぶ》出《だ》してみると、いらないプリントや、小《ちい》さくなったえんぴつや消《け》しゴムのカスがポロポロと出《で》てきたりするんじゃない？　これらはすぐにゴミ箱《ばこ》へ。

また、一年《いちねん》のとちゅうで使《つか》わなくなる教科書《きょうかしょ》なんかもあるね。新《あたら》しい教科書《きょうかしょ》をもらって、古《ふる》い教科書《きょうかしょ》を学校《がっこう》で使《つか》わなくなったら、ランドセルからは出《だ》しておこう。あたりまえのことのようだけど、意外《いがい》といつまでもランドセルに入《い》れたままにしている人《ひと》はいるんだよ。

## ③必要《ひつよう》なもののグループ分《わ》けをしてみよう

毎日必《まいにちかなら》ず使《つか》う筆記用具《ひっきようぐ》、時間割《じかんわり》の中《なか》で比較的多《ひかくてきおお》い教科《きょうか》の教科書《きょうかしょ》とノート。あまり使《つか》わないけれど、なくしてはいけない教科書《きょうかしょ》とノート。同《おな》じグループの中《なか》でもさらにカテゴリー分《わ》けができるね。

## ④必要《ひつよう》なものをしまう場所《ばしょ》を決《き》めよう

最後《さいご》は必要《ひつよう》なものをしまう場所《ばしょ》を決《き》めよう。グループ分《わ》けしたものを、乱《みだ》すことなくまとめてしまえる場所《ばしょ》を確保《かくほ》しよう。そして、ランドセルから出《だ》したものを元《もと》の場所《ばしょ》にもどせるよう、つくえの引《ひ》き出《だ》しなどに、テープをはりつけておくことも忘《わす》れずにね！

②必要《ひつよう》なもの、不要《ふよう》なものを分《わ》ける

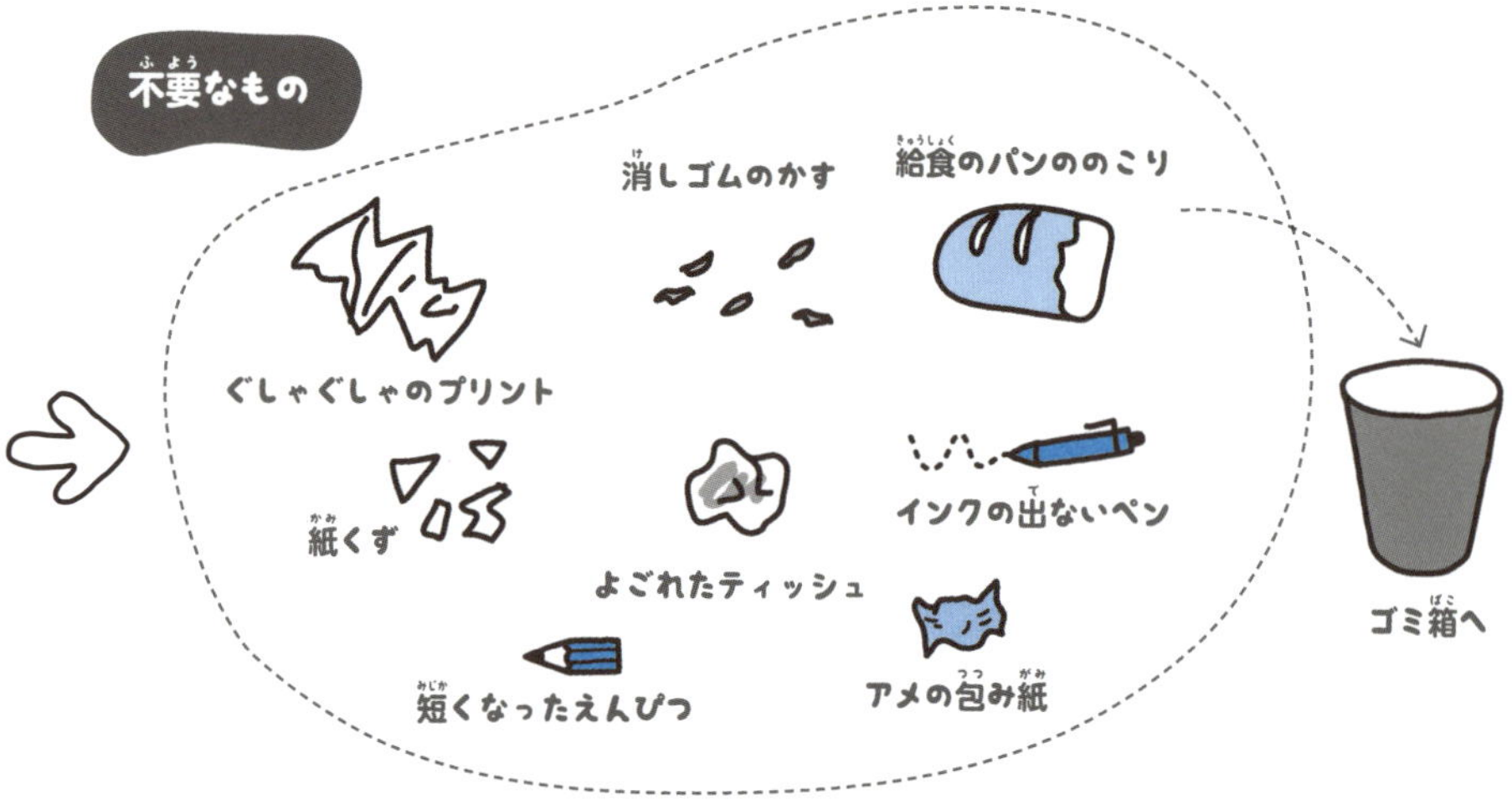


③必要《ひつよう》なものをグループ分《わ》け

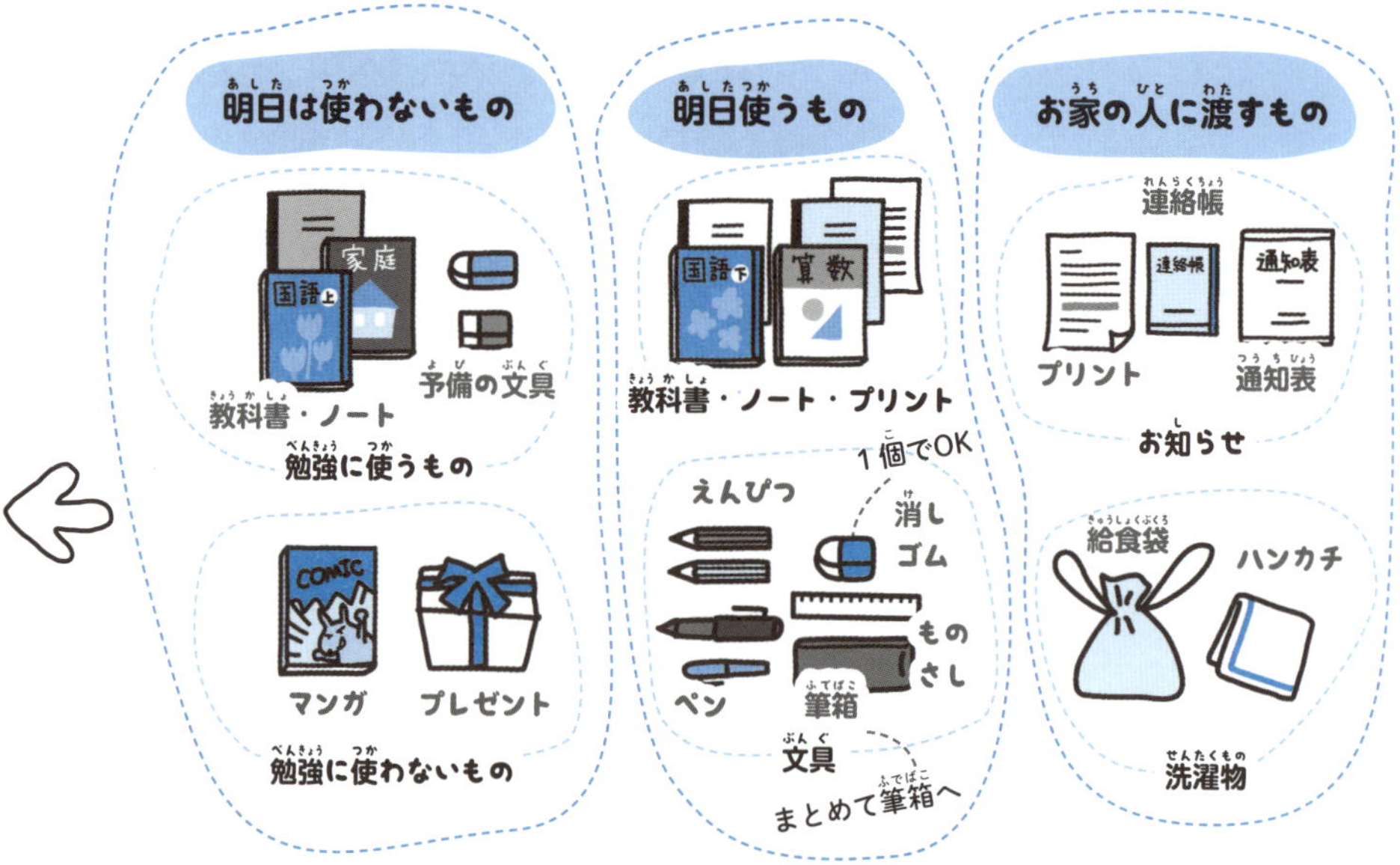

# ランドセルの整理《せいり》整《せい》とん

①中身《なかみ》を全部《ぜんぶ》取《と》り出《だ》す

④しまう場所《ばしょ》を決《き》める

## いつランドセルを整理整《せいりせい》とんするかも大事《だいじ》！

翌日《よくじつ》の学校《がっこう》の準備《じゅんび》。キミはいつやっているかな？朝《あさ》、起《お》きてから始《はじ》める人《ひと》もいるかもしれないけど、これは前《まえ》の日《ひ》にやったほうが絶対《ぜったい》にいい。それはしっかりと整理整《せいりせい》とんの時間《じかん》が取《と》れるからなんだ。

今日《きょう》、使《つか》ったものは明日《あした》使《つか》わないかもしれない。だからランドセルから出《だ》して、つくえにもどしておく。

そして、整理整《せいりせい》とんをしながら今日《きょう》を振《ふ》り返《かえ》り、次《つぎ》の日《ひ》の準備《じゅんび》をすることが、頭《あたま》の中《なか》の整理整《せいりせい》とんにもつながるんだよ。

ランドセルを整理整《せいりせい》とんしながら、今日学校《きょうがっこう》で学《まな》んだことを思《おも》い出《だ》し、明日学校《あしたがっこう》に必要《ひつよう》なものを用意《ようい》する。すべてかたづけておけば、何《なに》も気《き》にすることなく休《やす》むことができるし、明日《あした》の朝《あさ》を安心《あんしん》して迎《むか》えられるよね。

## 出《で》かける前《まえ》に整理《せいり》すると……

うわ～、
時間《じかん》ないな～
体《たい》そう服《ふく》
忘《わす》れてるわよ
あれ、理科《りか》の教科書《きょうかしょ》
どこだっけ？
あ、宿題《しゅくだい》
やってない！

問題点《もんだいてん》

- 昨日《きのう》やったことの復習《ふくしゅう》ができていない
- 忘《わす》れ物《もの》をしやすい
- あわただしくて、今日《きょう》の勉強《べんきょう》の心《こころ》づもりができていない

## 前《まえ》の日《ひ》に整理《せいり》すると……

明日《あした》の時間割《じかんわり》は
……

こんないいことがあるよ！

- 今日《きょう》学《まな》んだことの復習《ふくしゅう》になる
- 十分準備《じゅうぶんじゅんび》する時間《じかん》があるので忘《わす》れ物《もの》がない
- 明日《あした》学《まな》ぶことの準備《じゅんび》ができる

② 次《つぎ》の絵《え》はランドセルの中《なか》を左《ひだり》、右《みぎ》、下《した》から見《み》た絵《え》だよ。上《うえ》から見《み》るとどう見《み》えるかな？　せんたくしの中《なか》のⓐ～ⓞから選《えら》んで記号《きごう》を □ に入《い》れよう。

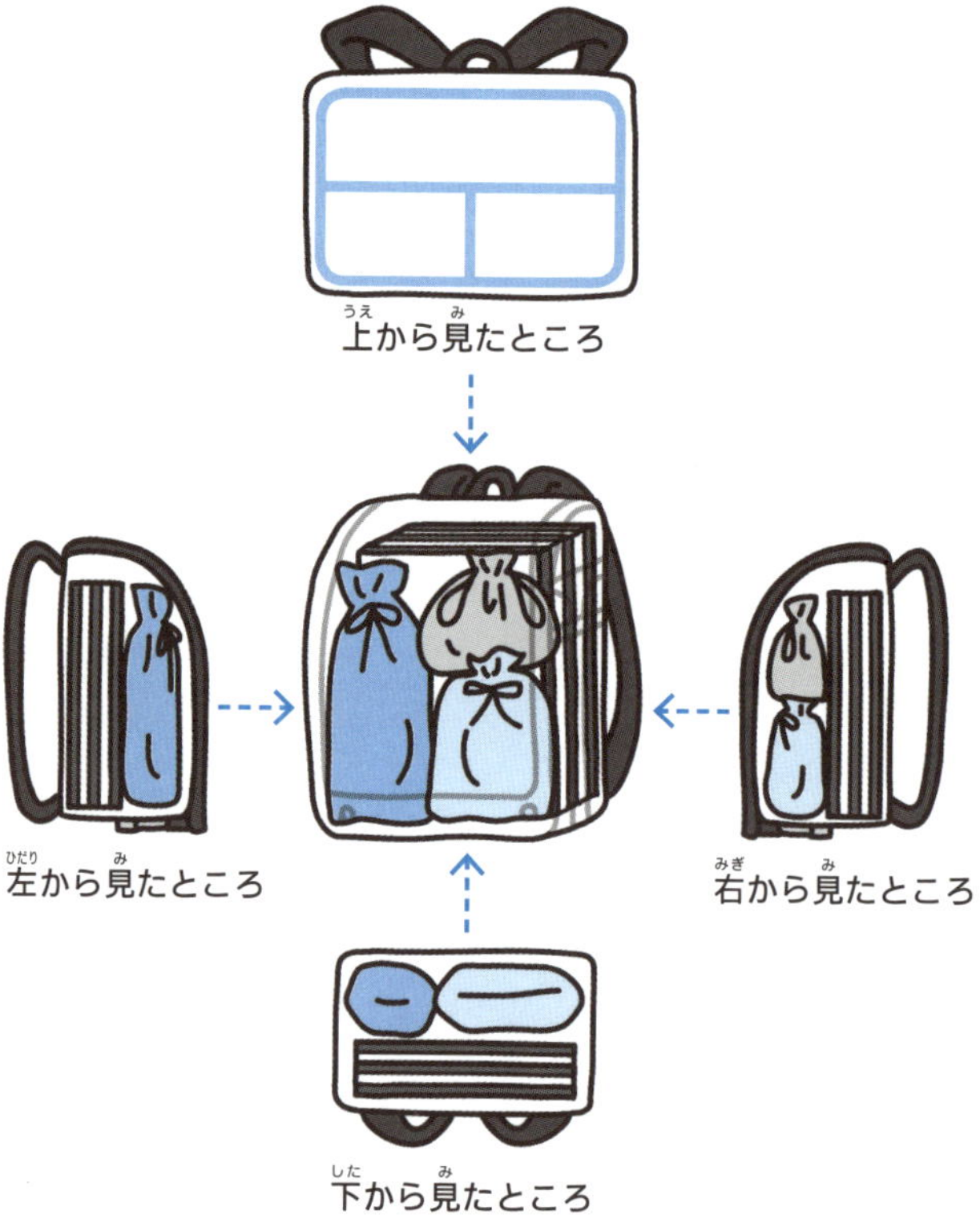

60-61 ページのこたえ

→こたえは 78 ページ

（　色《いろ》　）で分《わ》けると

| 黒色《くろいろ》のグループ | 赤色《あかいろ》のグループ | 青色《あおいろ》のグループ |
|---|---|---|
| 3　あ え お | 3　い う か | 1　き |

（　形《かたち》　）で分《わ》けると

| ○のグループ | △のグループ | □のグループ |
|---|---|---|
| 5　あ う き こ さ | 4　い お け し | 3　え か く |

（　筆記用具《ひっきようぐ》の種類《しゅるい》　）で分《わ》けると

| ボールペンのグループ | サインペンのグループ | えんぴつのグループ |
|---|---|---|
| 3　い え き | 2　あ う | 2　お か |

（　色《いろ》　）で分《わ》けると

| 緑色《みどりいろ》のグループ | 黄緑色《きみどりいろ》のグループ | オレンジ色《いろ》のグループ |
|---|---|---|
| 7　あ う え か け さ し | 3　お く こ | 2　い き |

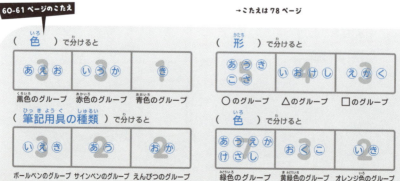

# なぞぺ〜 上下左右《じょうげさゆう》から見《み》てみよう！

①次《つぎ》の絵《え》はえんぴつ、プレゼント、積《つ》み木《き》を上下左右《じょうげさゆう》から見《み》た絵《え》だよ。それぞれどのように置《お》かれているかな？□の中《なか》のあ〜えから選《えら》んでこたえよう！

## えんぴつ

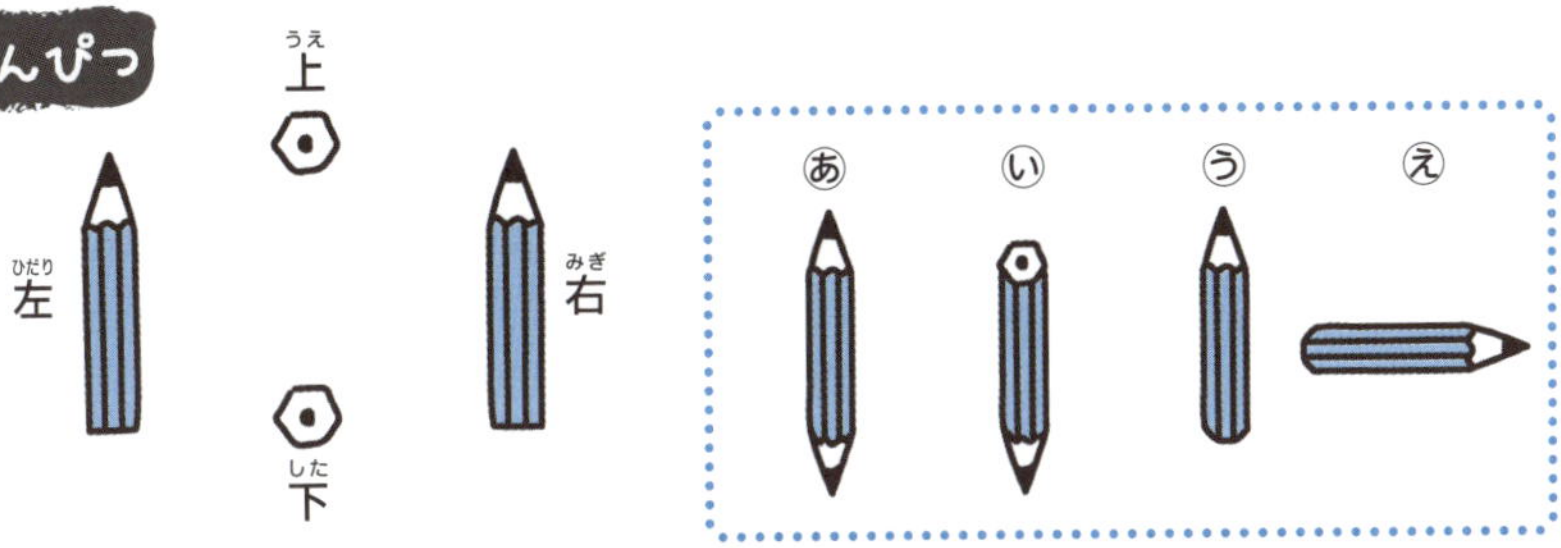


## プレゼント

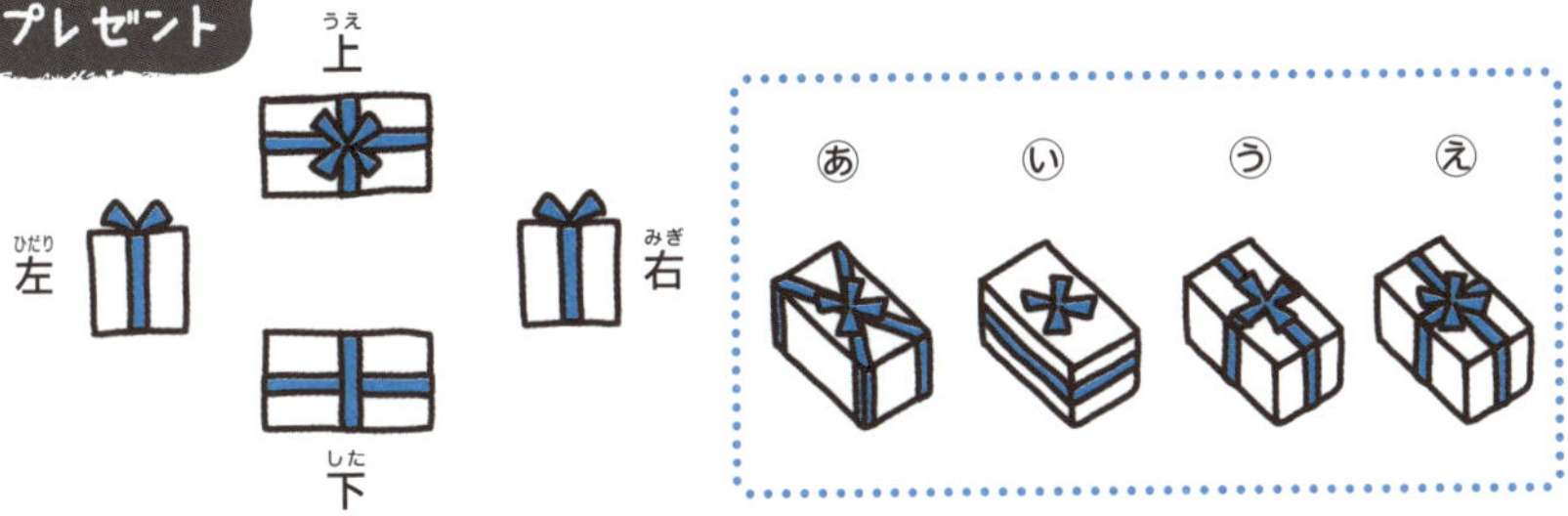


## 積《つ》み木《き》

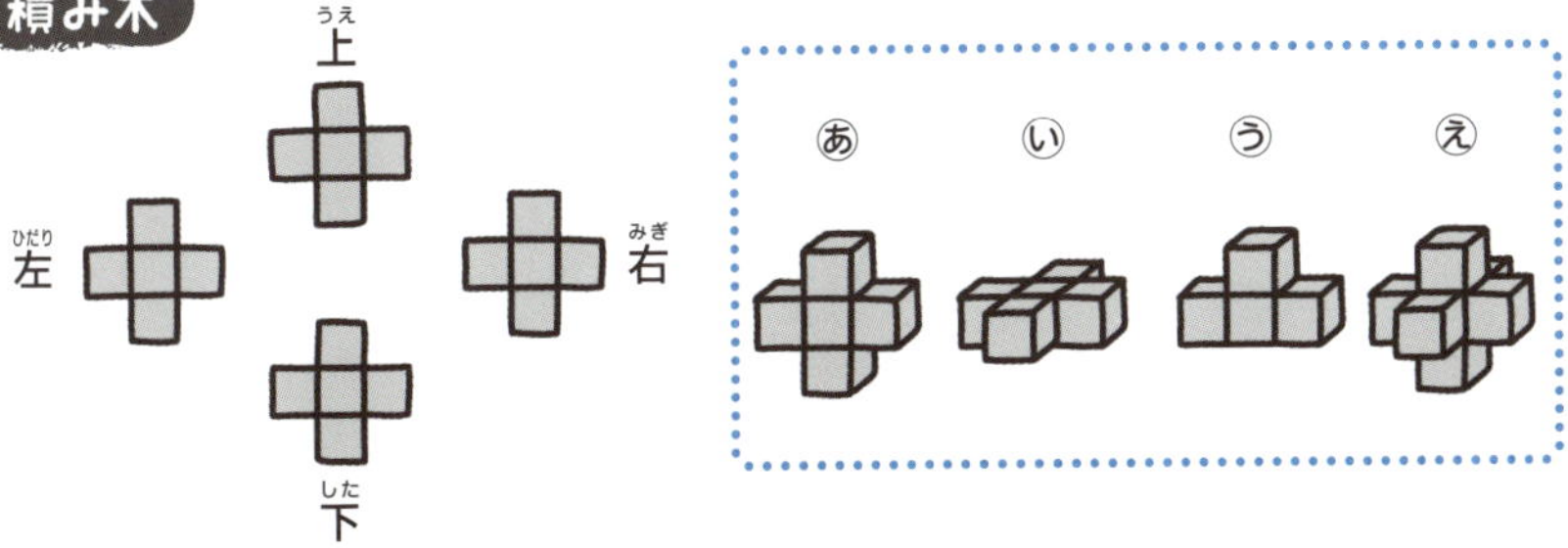

STEP

# 8

# ここがきれいになるとやる気《き》アップ！

# 整理整《せいりせい》とんは順番《じゅんばん》を考《かんが》えるのが大事《だいじ》

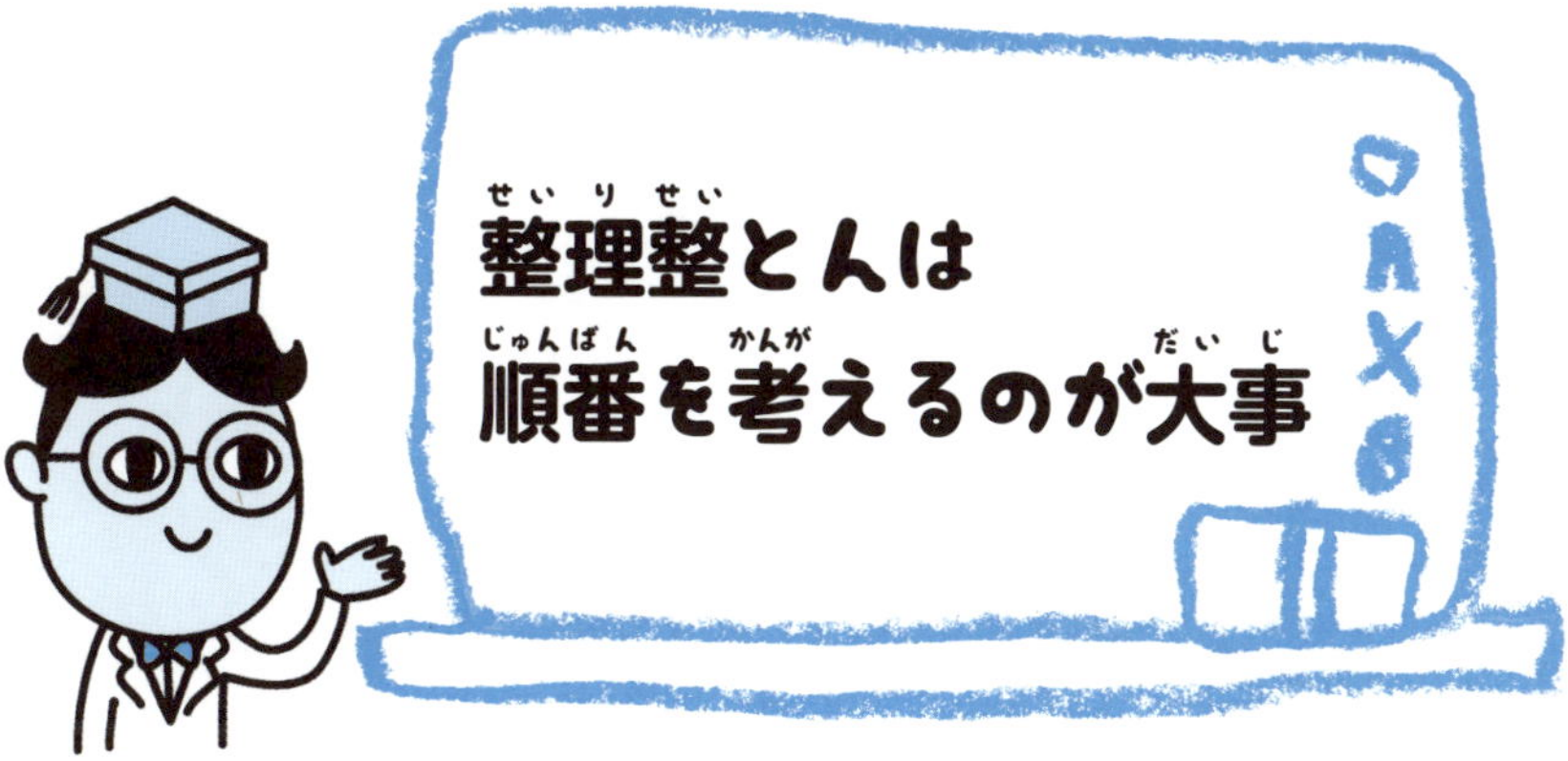

ランドセルの整理整《せいりせい》とんが終《お》わったら、今度《こんど》は本格的《ほんかくてき》にキミの部屋《へや》をかたづけてみよう。「さあ始《はじ》めよう」と思《おも》って部屋《へや》を見《み》わたすと、「これはなかなか強敵《きょうてき》だぞ」と思《おも》うかもしれないね。さて、どこから手《て》をつけようか……。

ここでどの順番《じゅんばん》で整理整《せいりせい》とんをするのかをしっかりと考《かんが》えることが、とても重要《じゅうよう》なんだ。

整理《せいり》を始《はじ》める時《とき》に手《て》をつける順番《じゅんばん》は、多《おお》くのものをしまえる収納《しゅうのう》スペースから始《はじ》めるのが鉄則《てっそく》だよ。

たとえば、部屋《へや》に押入《おしい》れがあれば、そこから整理《せいり》を始《はじ》める。なぜかというと、押入《おしい》れの中《なか》はずっと使《つか》っていない不《ふ》要《よう》なもののたまり場《ば》になっていることが多《おお》いんだ。

まずは思《おも》い切《き》って捨《す》てられるものを捨《す》てる。そうすると、だんだんと物《もの》を入《い》れるスペースが生《う》まれてくるよね。

# 押入《おしい》れの中《なか》を整理整《せいりせい》とんしよう

さあ、押入《おしい》れの中《なか》のものを全部出《ぜんぶだ》して、何《なに》もない状態《じょうたい》をつくってみよう。押入《おしい》れの中《なか》には、思《おも》い出《で》の品《しな》っていう手《て》ごわいトラップがひそんでいるから、気《き》をつけて。

整理《せいり》が終《お》わったら整《せい》とんだ。押入《おしい》れに何《なに》をつめこめばいいのかな？　捨《す》てちゃいけないけど、しばらく使《つか》わないものは、当然《とうぜん》、おくのほうにしまったほうがいいよね。

たとえば、季節《きせつ》によって着《き》るものが変《か》わる洋服《ようふく》なんかは、おくにしまっておく代表的《だいひょうてき》なものだね。布団《ふとん》は毎日使《まいにちつか》うものだから、押入《おしい》れの中《なか》でも取《と》り出《だ》しやすい場所《ばしょ》に置《お》こう。何《なに》がしまわれている箱《はこ》なのかを見《み》えるように書《か》いておくと取《と》り出《だ》す時《とき》に探《さが》す手間《てま》がはぶけるね！

押入《おしい》れのように多《おお》くの物《もの》が収納《しゅうのう》されるスペースがピシッと整《せい》とんされると、とっても気持《きも》ちがよくなるよ！

## 押入《おしい》れの中《なか》の整理整《せいりせい》とんの例《れい》

# 本《ほん》だなを整理整《せいりせい》とんしよう

もう一《ひと》つ、もし部屋《へや》の中《なか》に本《ほん》だながあったら、そこも早《はや》めに整理《せいり》を始《はじ》めるといい。本《ほん》だながごちゃごちゃした状態《じょうたい》なのと、きれいに本《ほん》が並《なら》んでいるのとでは見《み》た目《め》の印象《いんしょう》が全然《ぜんぜん》ちがうんだ。

また、本《ほん》だなを整《せい》とんした後《あと》に、強《つよ》い決意《けつい》をもって取《と》り組《く》んでほしいのは、読《よ》み終《お》わった本《ほん》を必《かなら》ず元《もと》の場所《ばしょ》にもどすこと。本《ほん》だなはこの練習《れんしゅう》がやりやすいんだ。

整《せい》とんの基本《きほん》は、使《つか》い終《お》わったら「すぐに」元《もと》の場所《ばしょ》にもどすことだったね。これをあたりまえの習慣《しゅうかん》にしよう。

きれいになったように感《かん》じられるのは、成果《せいか》があったということだよね。人《ひと》は成果《せいか》が見《み》えるとますますやる気《き》がわいてくるもの。そうすると、どんどん整理整《せいりせい》とんが気持《きも》ちのいいものになっていくよ。

# 本《ほん》だなの整理整《せいりせい》とんの例《れい》

辞書《じしょ》や教科書《きょうかしょ》など毎日《まいにち》の勉強《べんきょう》に使《つか》うものは、本《ほん》だなではなくて、つくえの上《うえ》のたなにしまおう！

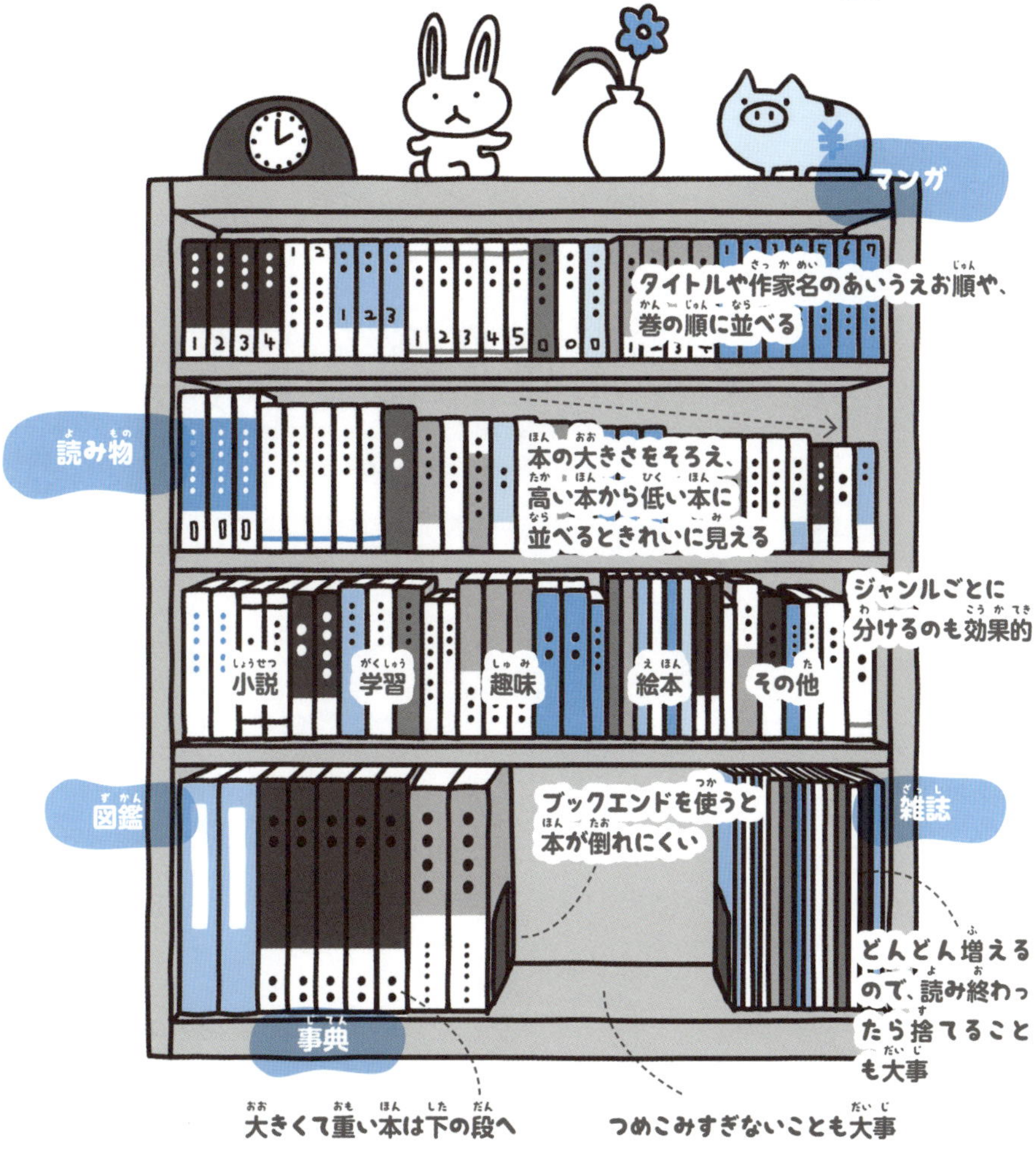
マンガ
タイトルや作家名《さっかめい》のあいうえお順《じゅん》や、巻《かん》の順《じゅん》に並《なら》べる
読《よ》み物《もの》
本《ほん》の大《おお》きさをそろえ、高《たか》い本《ほん》から低《ひく》い本《ほん》に並《なら》べるときれいに見《み》える
ジャンルごとに分《わ》けるのも効果的《こうかてき》
小説《しょうせつ》
学習《がくしゅう》
趣味《しゅみ》
絵本《えほん》
その他《た》
図鑑《ずかん》
ブックエンドを使《つか》うと本《ほん》が倒《たお》れにくい
雑誌《ざっし》
どんどん増《ふ》えるので、読《よ》み終《お》わったら捨《す》てることも大事《だいじ》
事典《じてん》
大《おお》きくて重《おも》い本《ほん》は下《した》の段《だん》へ
つめこみすぎないことも大事《だいじ》

②高《たか》さ30cm×横幅《よこはば》25cm×奥行《おくゆ》き20cmのランドセルをぴったり入《い》れられるところはどこかな？

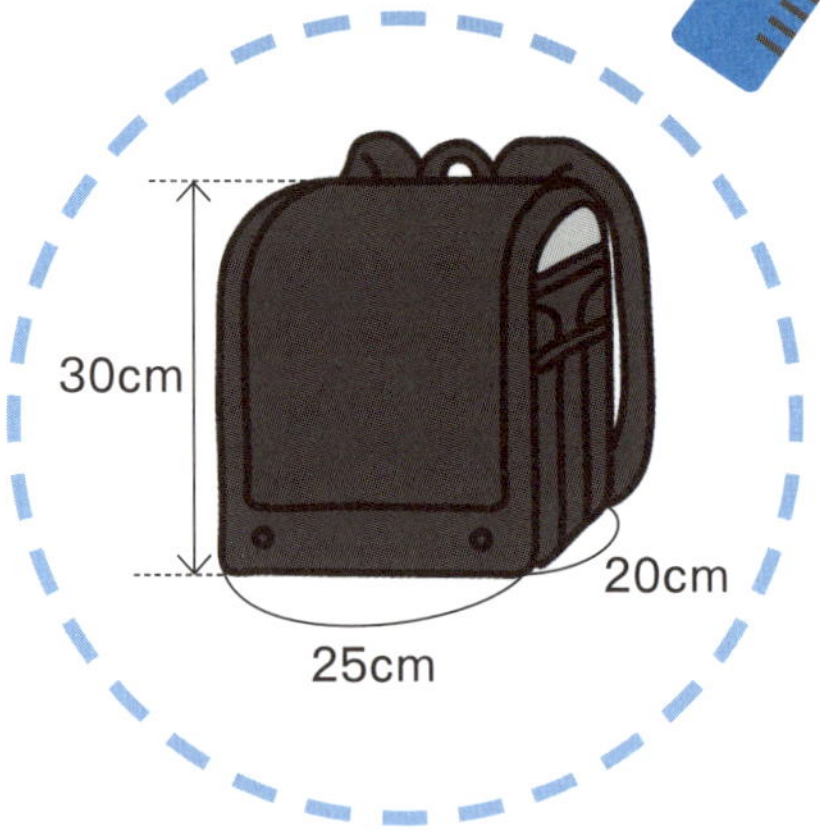


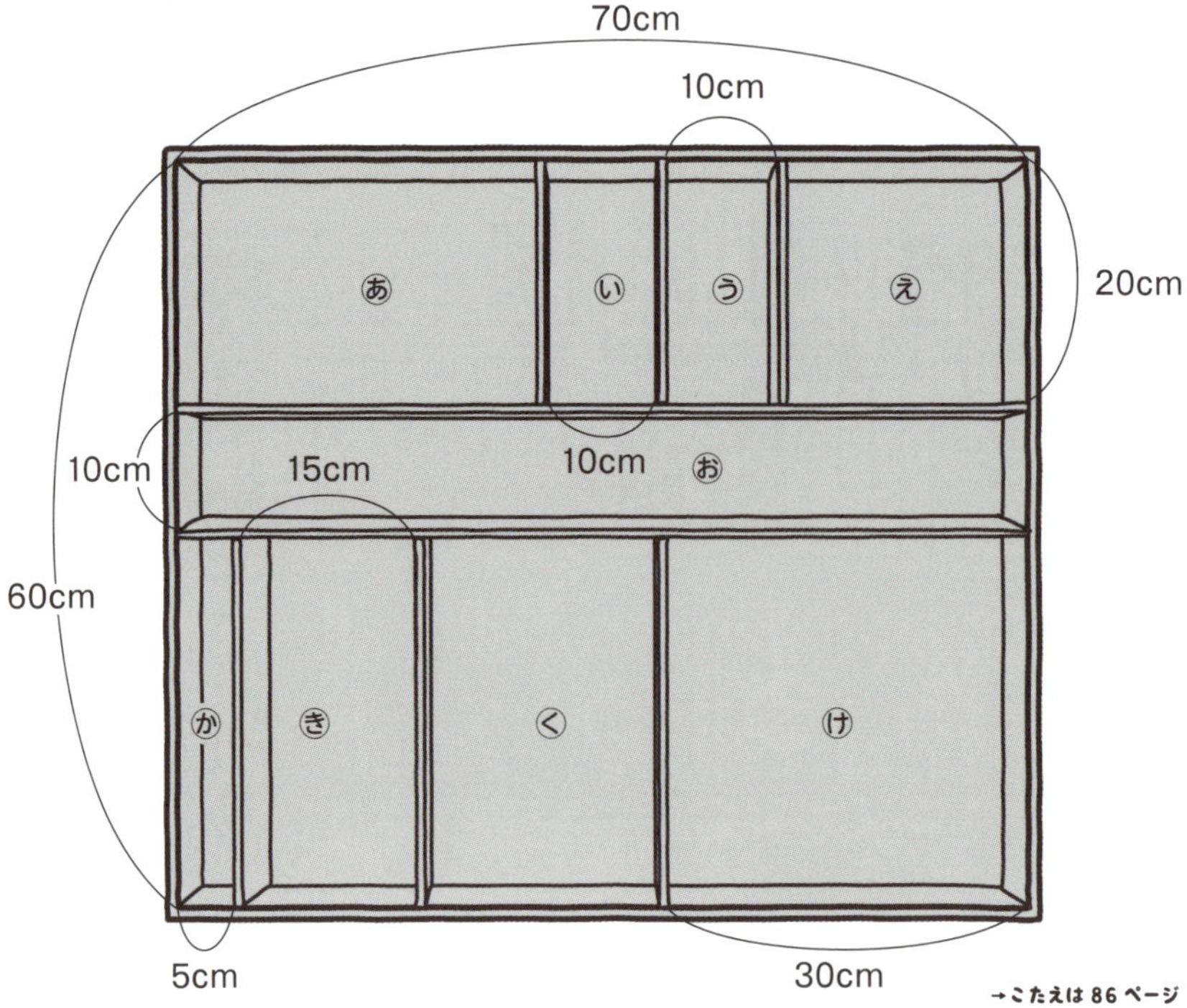


→こたえは 86 ページ

70-71 ページのこたえ

えんぴつ う

プレゼント え

積み木 え

上《うえ》から見《み》たところ

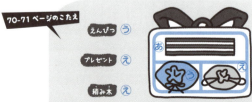

なぞぺ〜

# 物《もの》の大《おお》きさを決《き》めて たなにしまおう！

① 物《もの》をしまう時《とき》には、大《おお》きさを考《かんが》えなくてはいけないよ。
どこに入《い》れたらピッタリ入《はい》るだろう？
空《あ》いているたなに(あ)〜(か)の何《なに》が入《はい》るか □ に記号《きごう》を書《か》こう。

STEP 9

# 整《せい》理《り》整《せい》とんは
# 考《かんが》える力《ちから》を
# きたえてくれる

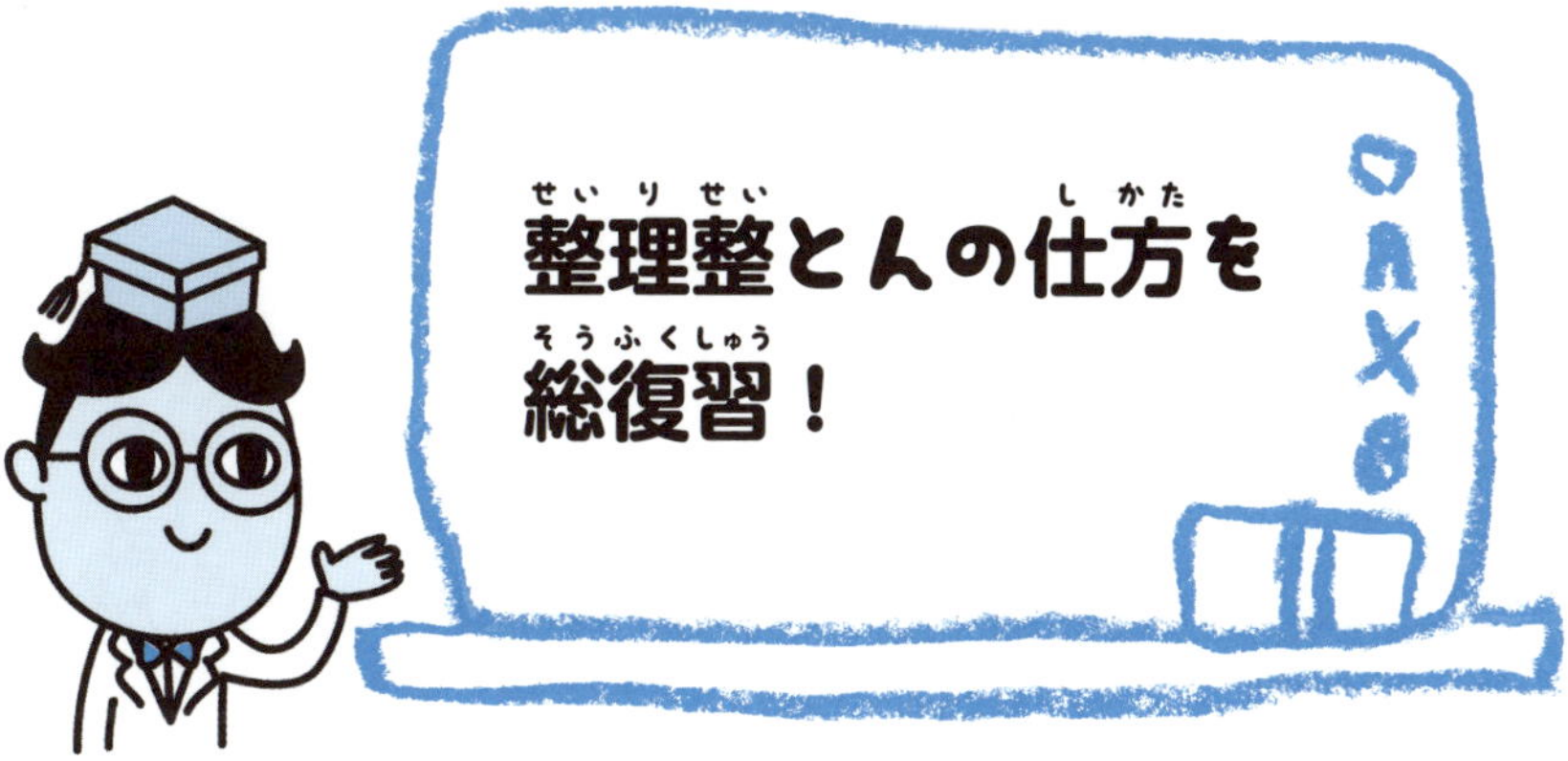

# 整理整《せいりせい》とんの仕方《しかた》を総復習《そうふくしゅう》！

ここまで整理整《せいりせい》とんの仕方《しかた》を学《まな》んできたね。

ここで一度《いちど》、整理整《せいりせい》とんのやり方《かた》について、まとめておこう。

**①必要《ひつよう》なものと不要《ふよう》なものを分《わ》ける**
**②不要《ふよう》なものを捨《す》てる**
**③必要《ひつよう》なものをグループに分《わ》ける**
**④しまう場所《ばしょ》を決《き》めて収納《しゅうのう》をする**

大《おお》きな流《なが》れは①～④の通《とお》り。ランドセルの中《なか》も、押入《おしい》れや本《ほん》だなの収納《しゅうのう》も、部屋《へや》の中《なか》も、どんな場所《ばしょ》でも基本的《きほんてき》にはこの順番《じゅんばん》を守《まも》れば整理整《せいりせい》とんは進《すす》んでいくんだ。

こうして、まとめてみるとなんだかできそうな気《き》がしてこないかな？

「できる。やってみよう！」と思《おも》えればやる気《き》も十分《じゅうぶん》だ。

# 物《もの》の整理《せいり》は頭《あたま》の整理《せいり》

さて、ステップ1にも書《か》いたけれど、整理整《せいりせい》とんは何《なに》も物《もの》に限《かぎ》ったことではないんだよね。

物《もの》のかたづけが上手《じょうず》にできるようになるためにおこなう、分《わ》けたり捨《す》てたり、グループ分《わ》けをしたり、収納《しゅうのう》をしたりということ自体《じたい》が、すごく頭《あたま》の中《なか》をきたえることにもなっているんだ。つまり、整理整《せいりせい》とんを通《とお》して解決《かいけつ》までの筋道《すじみち》を立《た》てる力《ちから》がそなわっていくんだよ。

もちろん、この力《ちから》は勉強《べんきょう》にもそのままあてはまるし、おとなになって社会《しゃかい》に出《で》て働《はたら》く時《とき》にも役《やく》に立《た》つもの。

さらに、突然《とつぜん》「困《こま》ったぞ!」なんて場面《ばめん》にぶつかったとき、「まず、はじめに散《ち》らかった情報《じょうほう》を、必要《ひつよう》か不要《ふよう》かに分《わ》ける」ということを知《し》っていればパニックになることもなく、短《みじか》い時間《じかん》で解決《かいけつ》に向《む》かうことができるんだ。

# 頭《あたま》の中《なか》の整理整《せいりせい》とん

外出先《がいしゅつさき》でお母《かあ》さんとはぐれて迷子《まいご》になったちゃった！

問題発生《もんだいはっせい》

どうしよう！

## ①散《ち》らかった情報《じょうほう》を必要《ひつよう》な情報《じょうほう》と不要《ふよう》な情報《じょうほう》に分《わ》ける

**すでにわかっていること**

はぐれた場所《ばしょ》

お母《かあ》さんの電話番号《でんわばんごう》

**わからないこと**

現在地《げんざいち》は？

お母《かあ》さんはどこにいる？

どうやってお母《かあ》さんに会《あ》う？

## ②やるべきことをグループ分《わ》けし、解決《かいけつ》への優先順位《ゆうせんじゅんい》をつける

1.現在地《げんざいち》を調《しら》べる

2.お母《かあ》さんに連絡《れんらく》する

お母《かあ》さんがいる場所《ばしょ》は？

どこで待《ま》ち合《あ》わせる？

3.待《ま》ち合《あ》わせ場所《ばしょ》への行《い》き方《かた》を調《しら》べる

どの道《みち》を行《い》けばいい？

何分《なんぷん》かかる？

## ③やるべきことを実行《じっこう》に移《うつ》す

5分後《ふんご》に公園《こうえん》のふん水《すい》で待《ま》ち合《あ》わせしよう。

4.お母《かあ》さんと連絡《れんらく》を取《と》りあいながら行《い》き先《さき》に向《む》かう

# 整理整《せいりせい》とんで時間《じかん》をつくろう

では、整理整《せいりせい》とんや筋道《すじみち》を立《た》てて考《かんが》える力《ちから》のどこに価値《かち》があるんだろう？

それは自分《じぶん》のための時間《じかん》を「より多《おお》く」生《う》み出《だ》すことができるということだと思《おも》うんだ。

常《つね》にかたづけられていて整《せい》とんされていれば、物《もの》を探《さが》す時間《じかん》も、整理整《せいりせい》とんをする時間《じかん》もずっと減《へ》るよね。

勉強《べんきょう》や仕事《しごと》もいっしょ。ゴールへの筋道《すじみち》を立《た》てて、やるべきことを的確《てきかく》に進《すす》めていければ、結果的《けっかてき》に解決《かいけつ》にかかる時間《じかん》はずっと短《みじか》くなる。それをくり返《かえ》していけば、一生《いっしょう》という決《き》められた時間《じかん》の中《なか》でやれることがおのずと多《おお》くなるんだ。つまり、たくさんの経験《けいけん》を積《つ》むことができたり、さまざまな場所《ばしょ》に足《あし》を運《はこ》んで新《あたら》しいことを知《し》ったりする時間《じかん》を生《う》み出《だ》せる。とても豊《ゆた》かなことだよね。

## 整理整《せいりせい》とんが上手《じょうず》になると……

身《み》の回《まわ》りの
整理整《せいりせい》とんをすると……

物《もの》を探《さが》す
時間《じかん》が減《へ》る

頭《あたま》の中《なか》の
整理整《せいりせい》とんをすると……

勉強《べんきょう》をするのが
早《はや》くなる

自分《じぶん》の時間《じかん》ができる

いろいろなところに
行《い》ったり、多《おお》くの経験《けいけん》を
したりする時間《じかん》をもてる

好《す》きなことを学《まな》ぶのに
時間《じかん》を使《つか》える

趣味《しゅみ》に使《つか》える時間《じかん》が
増《ふ》える

## すごむずコース

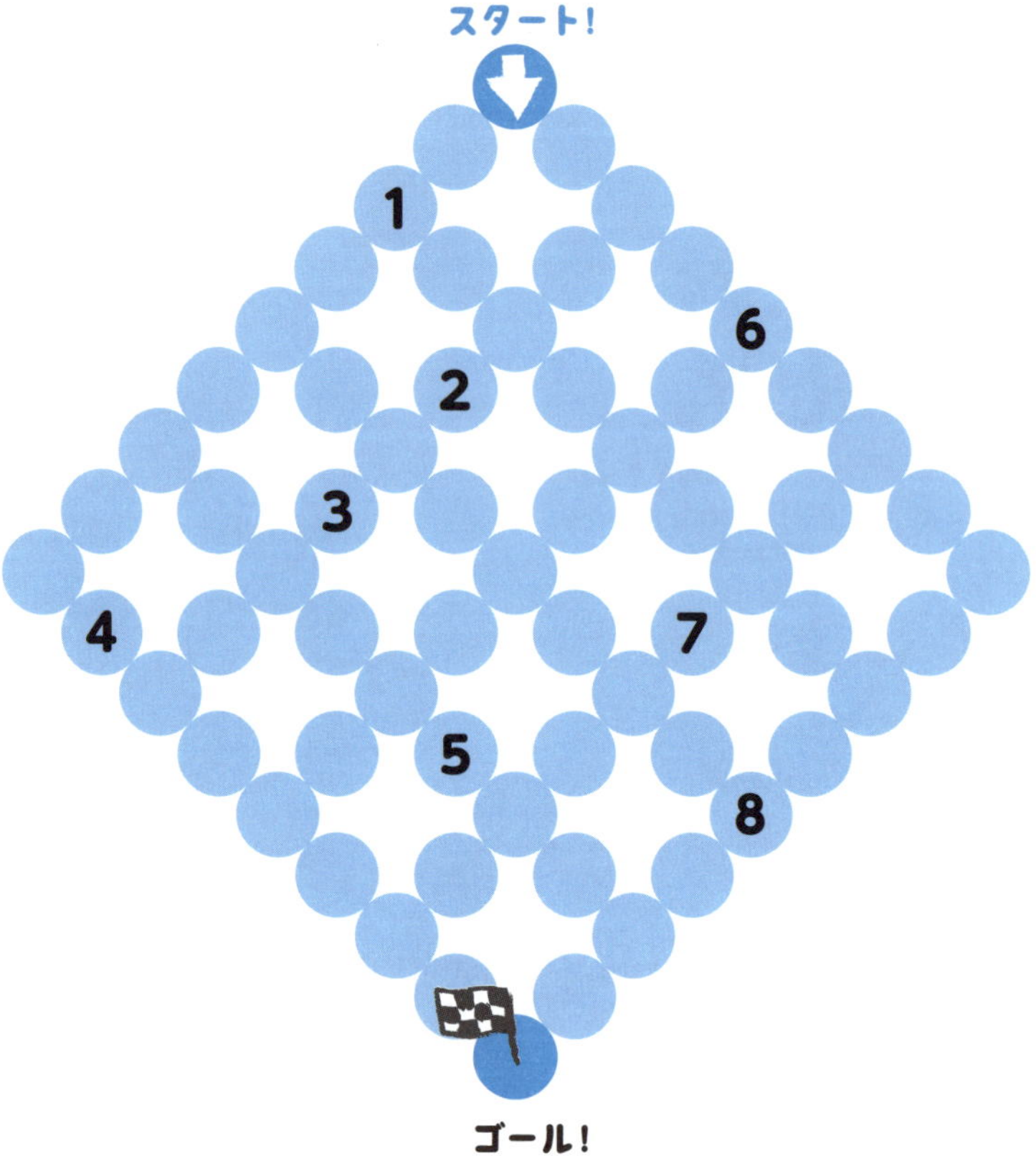


→こたえは 96 ページ

78-79 ページのこたえ

# なぞぺ〜 順番《じゅんばん》めいろ

1 → 2 → 3 …… の順番《じゅんばん》でゴールをめざそう。

かんたんコース

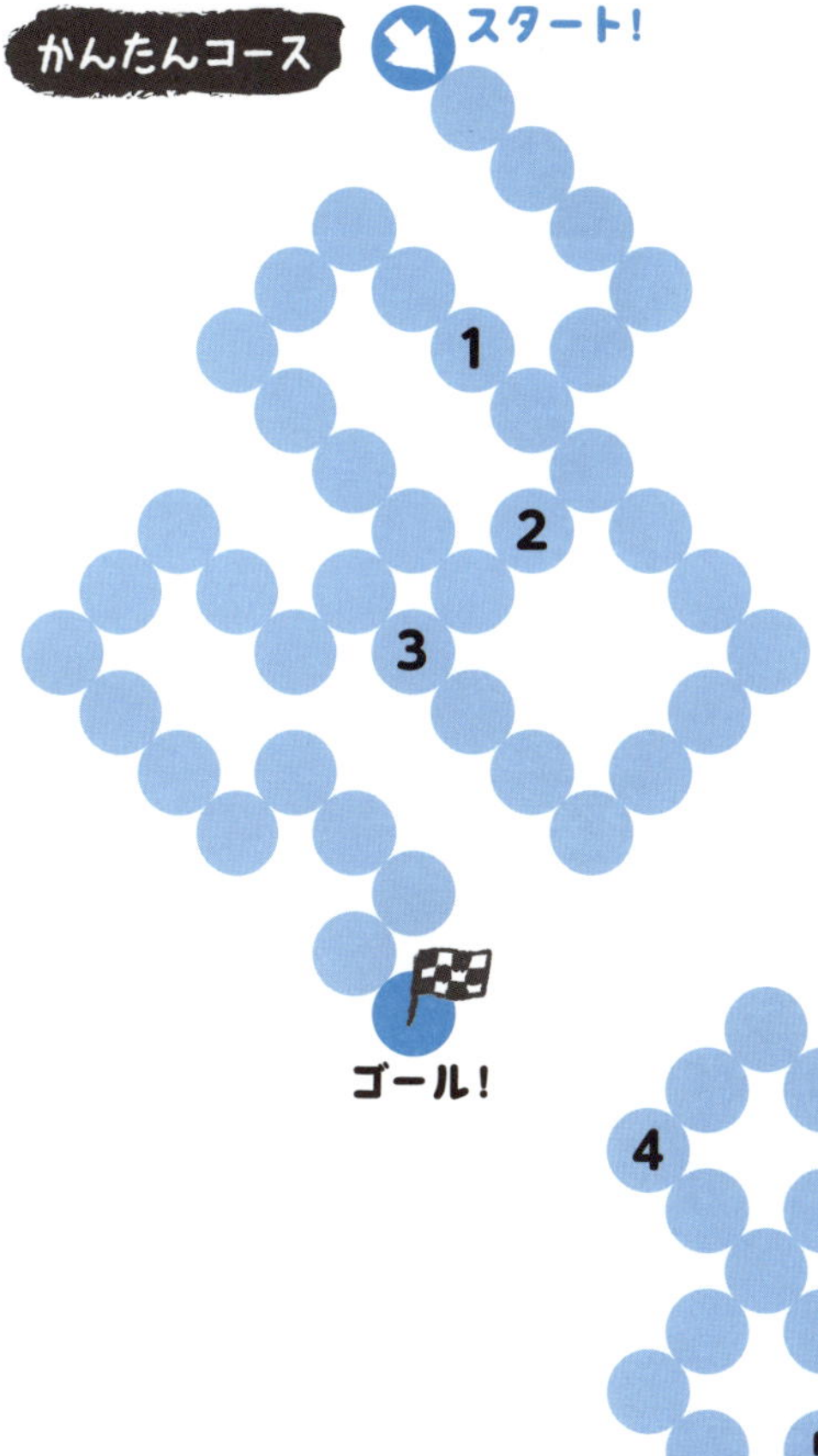


ややむずコース

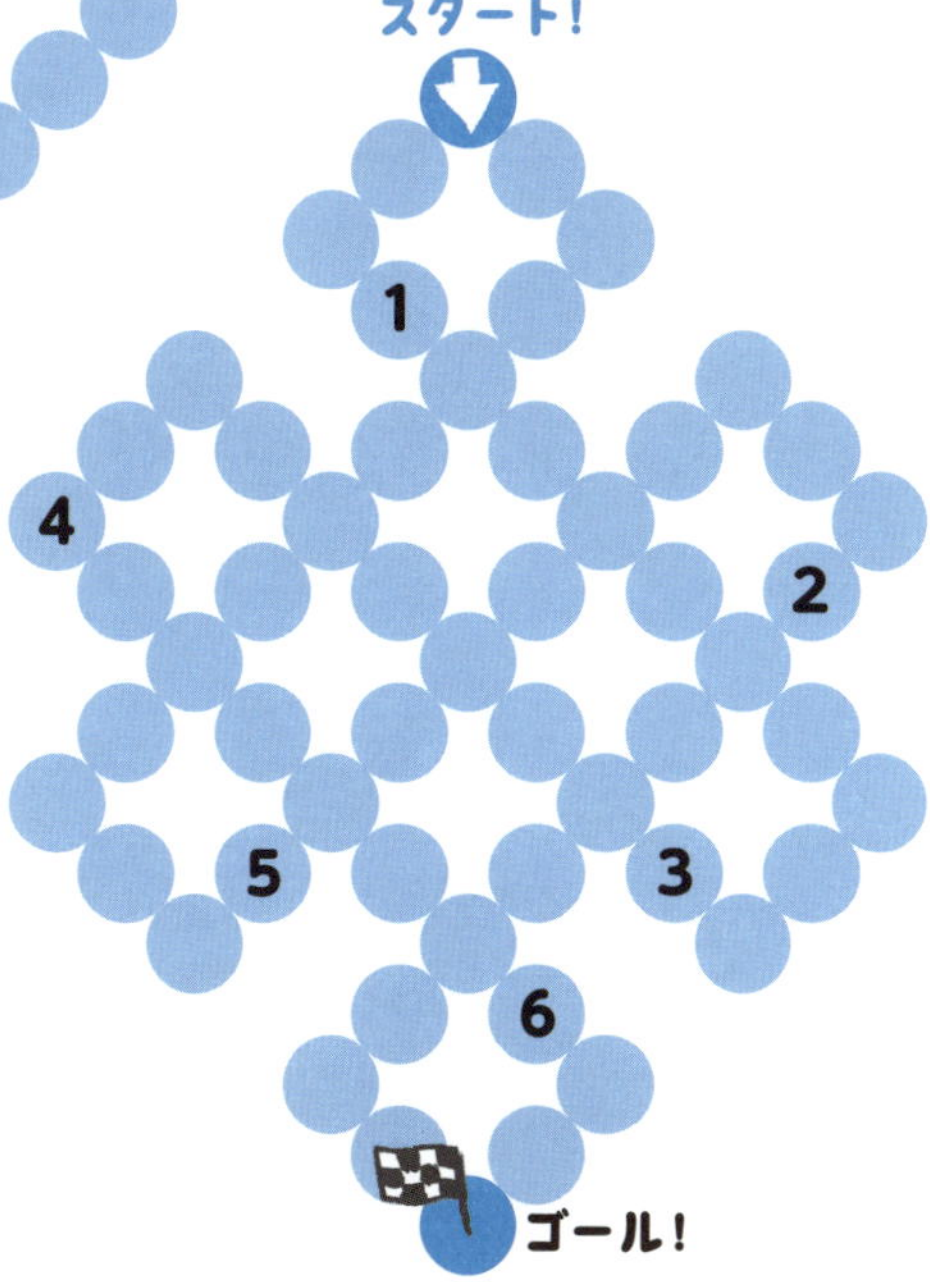

STEP 10

# 整《せい》理《り》整《せい》とんの力《ちから》で学《がく》力《りょく》もアップ！

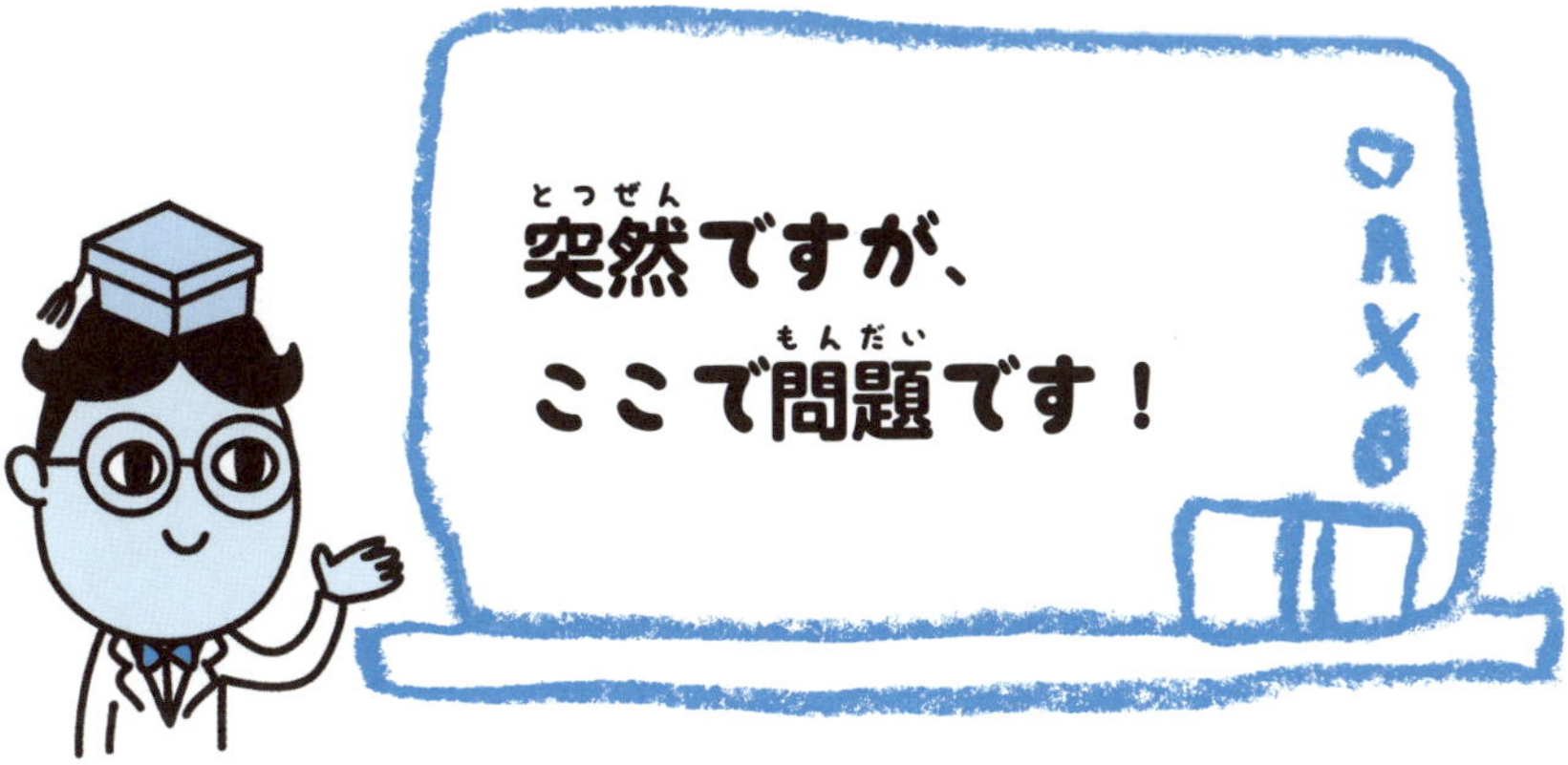


頭《あたま》を整理《せいり》して、次《つぎ》の問題《もんだい》を解《と》いてみよう。

Aさんは今日《きょう》の昼《ひる》、ラーメンを食《た》べに行《い》きました。レジでお札《さつ》を1枚《まい》だけ出《だ》して支払《しはら》ったところ、お札《さつ》が4枚《まい》、硬《こう》貨《か》Aが4枚《まい》、硬貨《こうか》Bが4枚《まい》というお釣《つ》りが返《かえ》ってきました。ラーメンの値段《ねだん》は9通《とお》り考《かんが》えられます。すべて書《か》き出《だ》しましょう。

※2千円札《せんえんさつ》は流通《りゅうつう》していないものとします。
※硬貨《こうか》Aと硬貨《こうか》Bは1円玉《えんだま》、10円玉《えんだま》、100円玉《えんだま》のどれかとします。

（花《はな》まる学習会高学年用教材《がくしゅうかいこうがくねんようきょうざい》Sなぞより出題《しゅつだい》）

# 頭《あたま》の中《なか》を整理《せいり》して解《と》いてみよう！

突然《とつぜん》、テストの問題《もんだい》みたいでびっくりしたかな？　「算数《さんすう》と整理整《せいりせい》とんは全然関係《ぜんぜんかんけい》ないじゃないか！」と思《おも》ったかもしれないね。

いやいや、じつはとっても深《ふか》い関係《かんけい》があるんだ。たとえば、前《まえ》のページのような算数《さんすう》の問題《もんだい》。考《かんが》える力《ちから》を求《もと》められる文章題《ぶんしょうだい》では、まさに情報《じょうほう》を整理《せいり》する力《ちから》が問《と》われるんだよ。物《もの》をかたづける思考《しこう》といっしょだね。

この問題《もんだい》を解《と》くには、まずはまだ見《み》えていない情報《じょうほう》を洗《あら》い出《だ》し、そこから必要《ひつよう》な情報《じょうほう》と不必要《ふひつよう》な情報《じょうほう》を分《わ》けるところから始《はじ》めるんだ。その後《ご》の流《なが》れもまさに整理整《せいりせい》とんそのもの。

まだ、疑《うたが》っているかな？　では、次《つぎ》のページからいっしょに解《と》いてみよう！

## ①お札《さつ》の出《だ》し方《かた》は？

お札《さつ》を１枚出《まいだ》したと書《か》いてあるけど、何《なに》を出《だ》したのかは書《か》いていないね。この見《み》えない部分《ぶぶん》をまずは見《み》えるようにしていこう。

２千円札《せんえんさつ》がないという条件《じょうけん》なので、考《かんが》えられるのは千円札《せんえんさつ》、５千円札《せんえんさつ》、１万円札《まんえんさつ》の３種類《しゅるい》。この中《なか》で、不要《ふよう》なものが一《ひと》つあるんだ。そう、千円札《せんえんさつ》を出《だ》してもお釣《つ》りでお札《さつ》はもらえないから必要《ひつよう》ないね。

つまり、Ａさんが出《だ》した１枚《まい》のお札《さつ》は５千円《せんえん》か１万円《まんえん》なんだ。これが捨《す》ててはいけない必要《ひつよう》な情報《じょうほう》だよ。

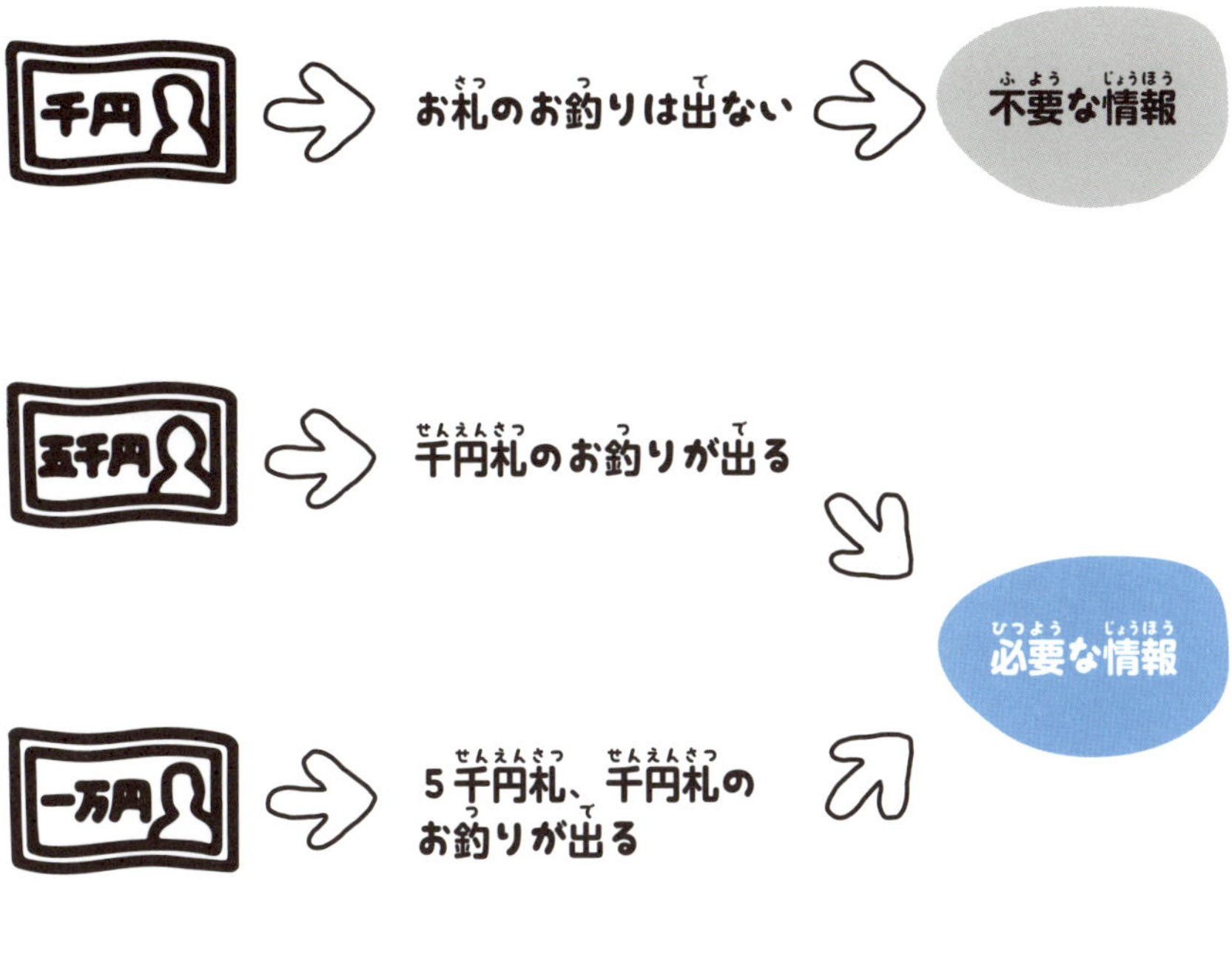
千円
お札《さつ》のお釣《つ》りは出《で》ない
不要《ふよう》な情報《じょうほう》
五千円
千円札《せんえんさつ》のお釣《つ》りが出《で》る
必要《ひつよう》な情報《じょうほう》
一万円
５千円札《せんえんさつ》、千円札《せんえんさつ》のお釣《つ》りが出《で》る

## ②お札《さつ》を出《だ》した時《とき》のお釣《つ》りをグループ分《わ》けしてみよう

必要《ひつよう》な情報《じょうほう》が出《で》たら、情報《じょうほう》の整理《せいり》を始《はじ》めていこう。
まずは、お札《さつ》のお釣《つ》りの可能性《かのうせい》を考《かんが》えよう。

**あ　5千円札《せんえんさつ》を出《だ》した時《とき》……千円札《せんえんさつ》4枚《まい》がお釣《つ》りになる。**

**い　1万円札《まんえんさつ》を出《だ》した時《とき》……**
**・千円札《せんえんさつ》4枚《まい》がお釣《つ》りになる。**
**・5千札《せんさつ》1枚《まい》と千円札《せんえんさつ》3枚《まい》がお釣《つ》りになる。**

お札《さつ》4枚《まい》のお釣《つ》りは、
この3つの場合《ばあい》でグループに
分《わ》けられるね。

## ③硬貨《こうか》ＡＢの組《く》み合《あ》わせをグループ分《わ》けしてみよう

硬貨《こうか》Ａ、硬貨《こうか》Ｂの可能性《かのうせい》は次《つぎ》の通《とお》りだね。

**ア 硬貨《こうか》Ａが100円《えん》、硬貨《こうか》Ｂが10円《えん》……440円《えん》のお釣《つ》り**

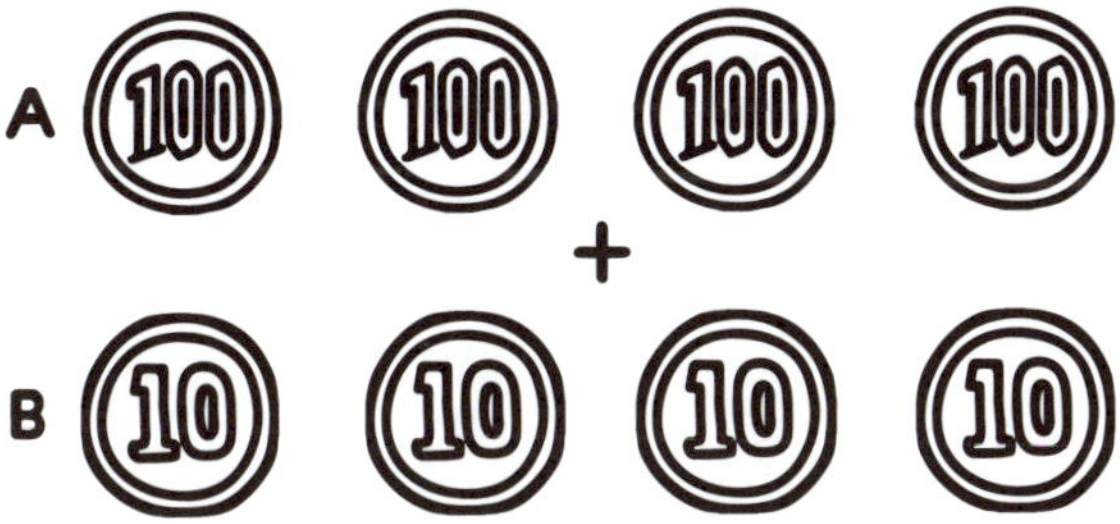


＝ 440円《えん》

**イ 硬貨《こうか》Ａが100円《えん》、硬貨《こうか》Ｂが１円《えん》……404円《えん》のお釣《つ》り**

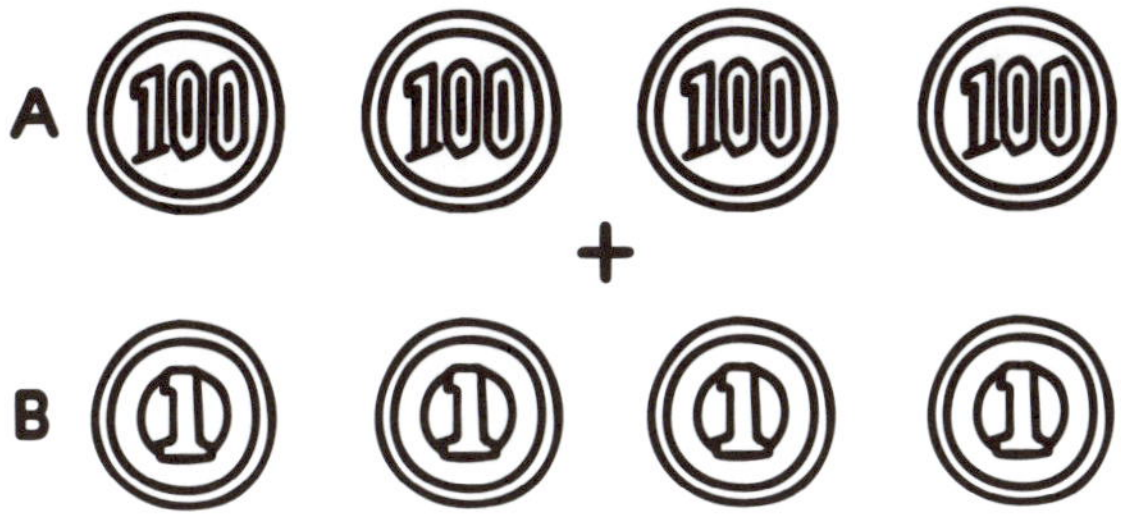


＝ 404円《えん》

**ウ 硬貨《こうか》Ａが10円《えん》、硬貨《こうか》Ｂが１円《えん》……44円《えん》のお釣《つ》り**

＝ 44円《えん》

## ④ラーメンの値段《ねだん》を計算《けいさん》しよう

は お釣《つ》りの金額《きんがく》、
は ラーメンの金額《きんがく》

お釣《つ》りの値段《ねだん》がわかったら、
ラーメンの値段《ねだん》もわかるよね！

### あ　5千円札《せんえんさつ》を出《だ》した場合《ばあい》……

ア →
4000＋440＝4440（円《えん》）
5000−4440＝560（円《えん》）…①

イ →
4000＋404＝4404（円《えん》）
5000−4404＝596（円《えん》）…②

ウ →
4000＋44＝4044（円《えん》）
5000−4044＝956（円《えん》）…③

### い　1万円札《まんえんさつ》を出《だ》した場合《ばあい》

……千円札《せんえんさつ》4枚《まい》のお釣《つ》りの場合《ばあい》

ア →
4000＋440＝4440（円《えん》）
10000−4440＝5560（円《えん》）…④

イ →
4000＋404＝4404（円《えん》）
10000−4404＝5596（円《えん》）…⑤

ウ →
4000＋44＝4044（円《えん》）
10000−4044＝5956（円《えん》）…⑥

……5千円札《せんえんさつ》1枚《まい》と千円札《せんえんさつ》3枚《まい》のお釣《つ》りの場合《ばあい》

ア →
8000＋440＝8440（円《えん》）
10000−8440＝1560（円《えん》）…⑦

イ →
8000＋404＝8404（円《えん》）
10000−8404＝1596（円《えん》）…⑧

ウ →
8000＋44＝8044（円《えん》）
10000−8044＝1956（円《えん》）…⑨

よって、ラーメンの値段《ねだん》は、①560円《えん》　②596円《えん》　③956円《えん》　④5560円《えん》　⑤5596円《えん》　⑥5956円《えん》　⑦1560円《えん》　⑧1596円《えん》　⑨1956円《えん》　の全《ぜん》9通《とお》り。

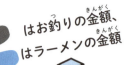

# 整理整《せいりせい》とんで成績《せいせき》アップ

どうだろう？　この問題《もんだい》を解《と》くのって、整理整《せいりせい》とんをしているのに近《ちか》い感覚《かんかく》を覚《おぼ》えるんじゃないかな？

これは、あくまでも一例《いちれい》だよ。でも、こういう筋道《すじみち》を立《た》てて考《かんが》えれば解《と》ける問題《もんだい》は意外《いがい》と多《おお》いんだ。

整理整《せいりせい》とんの考《かんが》え方《かた》を使《つか》って問題《もんだい》をたくさん解《と》いていけば、きっと勉強《べんきょう》も楽《たの》しくなって、成績《せいせき》もアップするはずさ。

「整理整《せいりせい》とん」についてここまで考《かんが》えてきたけど、どうだろう？　「かたづけってめんどうくさい！　と思《おも》う気持《きも》ち」という大《おお》きな敵《てき》が、「意外《いがい》と大《たい》したことない敵《てき》なのかも」と思《おも》うようになっているんじゃないかな。

もし「めんどうくさい」がまた大《おお》きくなりそうになったら、ステップ7の「ランドセルの整理整《せいりせい》とん」にもどってみて。きっと今《いま》の気持《きも》ちを思《おも》い出《だ》せるはずだよ！

## すごむずコース

| | | | | |
|---|---|---|---|---|
| | | | 16 | |
| 10 | | | | |
| | | | | 25 ゴール! |
| | | | 21 | |
| スタート! → 1 | 4 | | | |

→こたえは 100 ページ

86-87 ページのこたえ

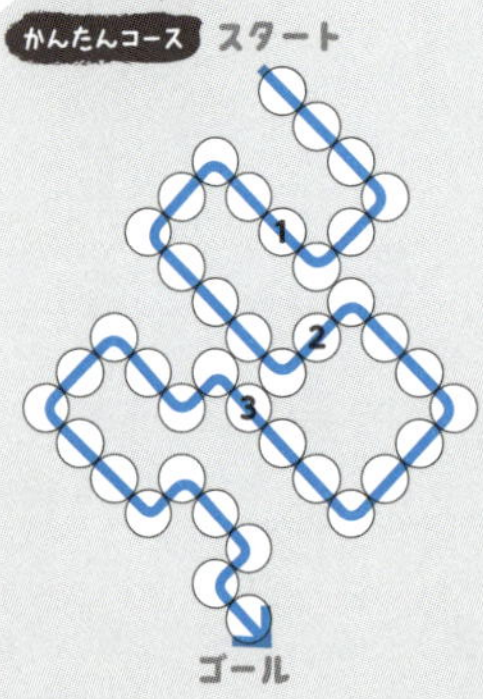


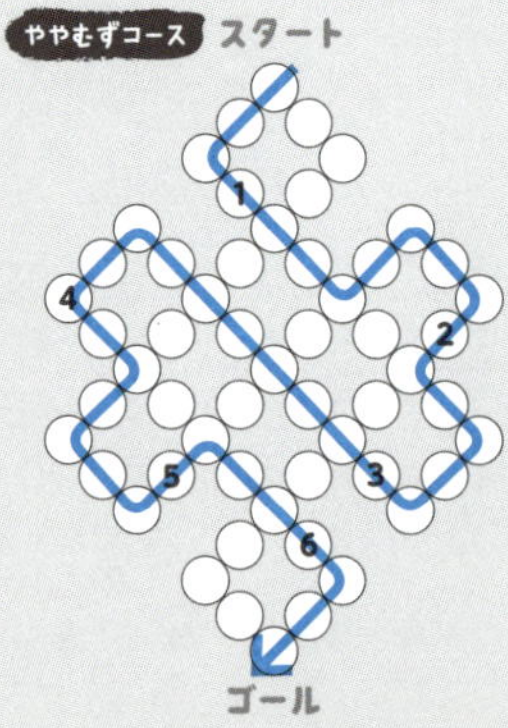


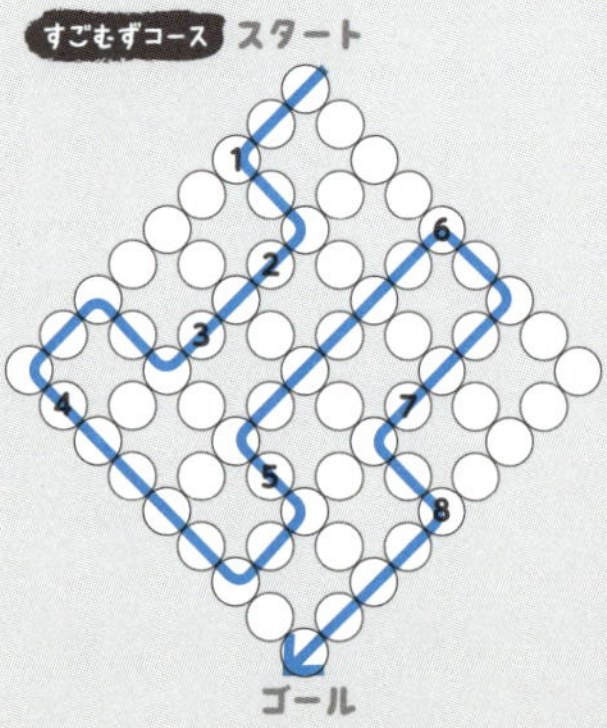

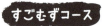

# なぞぺ〜 ゴールをめざそう！

1 からスタートして、2 → 3 → 4 → 5 …… と

となりあったマスへ移動《いどう》してゴールをめざそう！

ななめの移動《いどう》はできないよ。

## かんたんコース

スタート！

| | | | |
|---|---|---|---|
| 1 | | 5 | |
| | | 16 ゴール | |
| | 14 | | |
| | | | 9 |

# みんなで整理整《せいりせい》とんしよう！

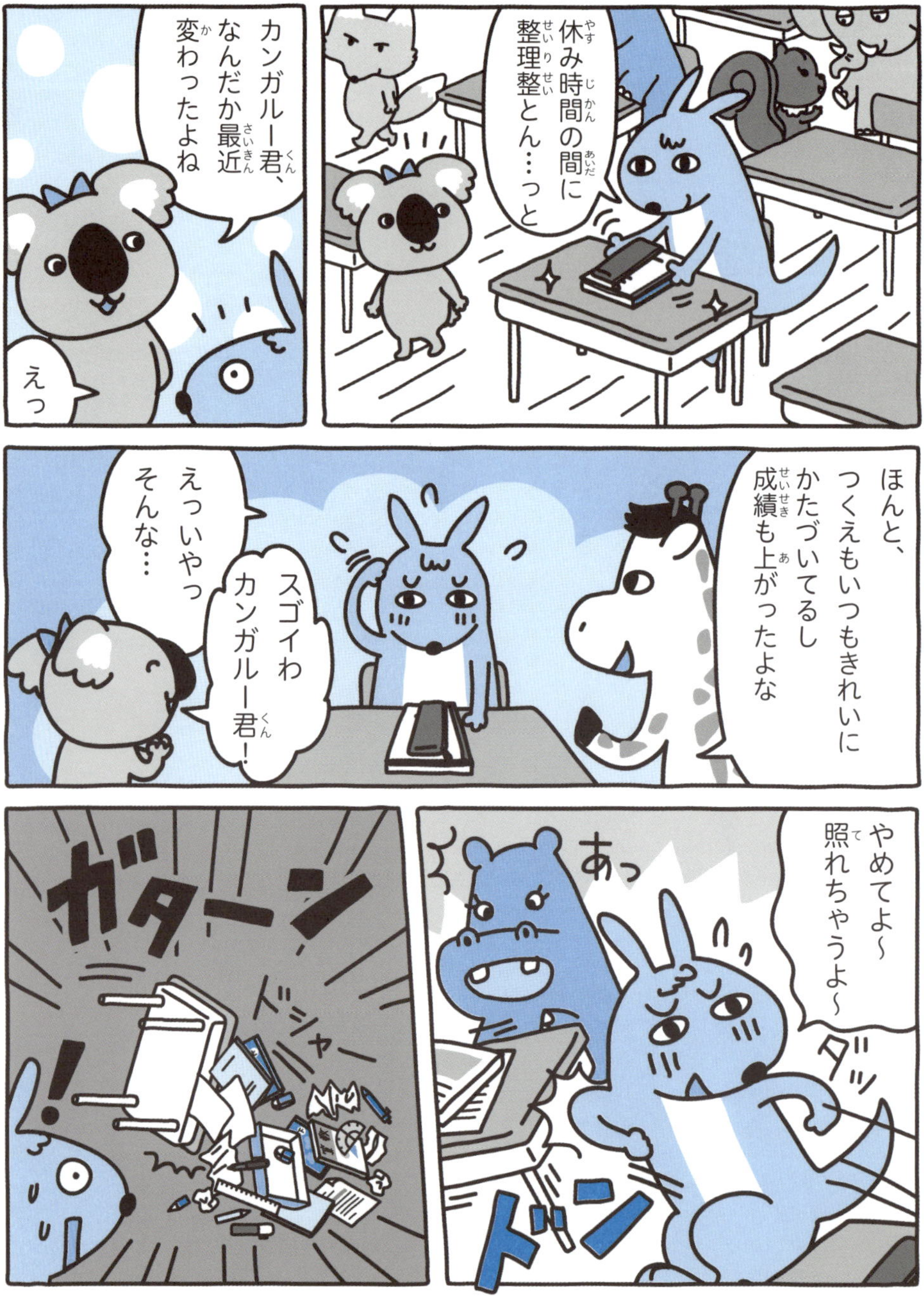

ご、ごめん
カバちゃん
いいのよ
ガタ
あれ？ カバちゃんのつくえの中《なか》って物《もの》が多《おお》すぎるし必要《ひつよう》ないものもたくさん…
ぐちゃ〜〜
カバちゃん、もっとつくえの中《なか》を整理《せいり》したほうがいいんじゃないかな？
ごめんごめん わたし、かたづけがすっごく苦手《にがて》なの
えへへ
もう、しかたないな〜 それなら…
カバちゃんの整理整《せいりせい》とんをみんなで手伝《てつだ》おう！
OK!
END

96-97ページのこたえ

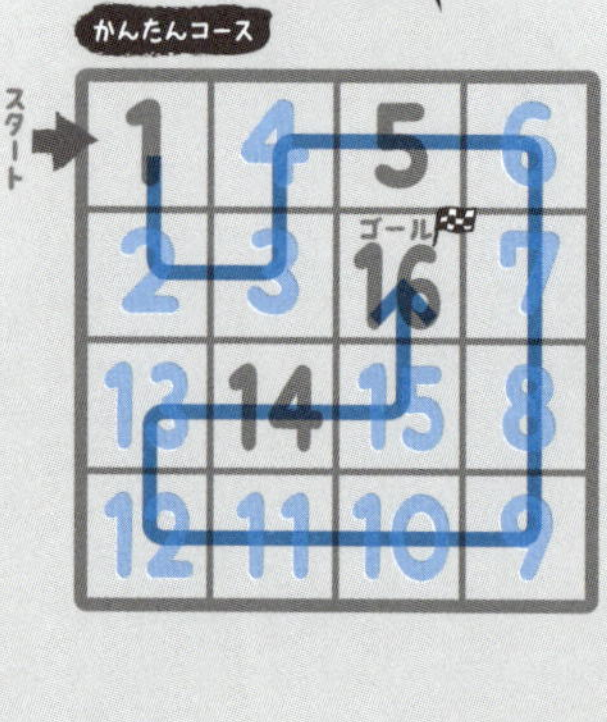


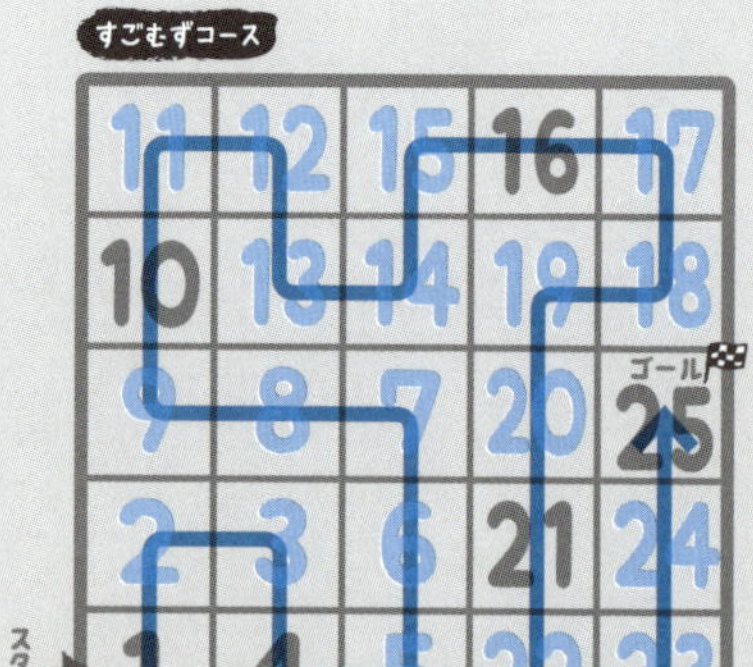

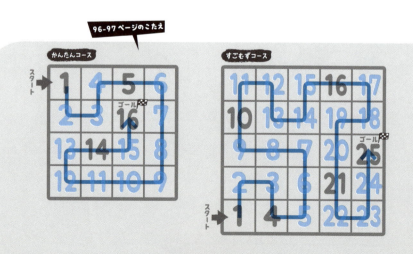

# おわりに

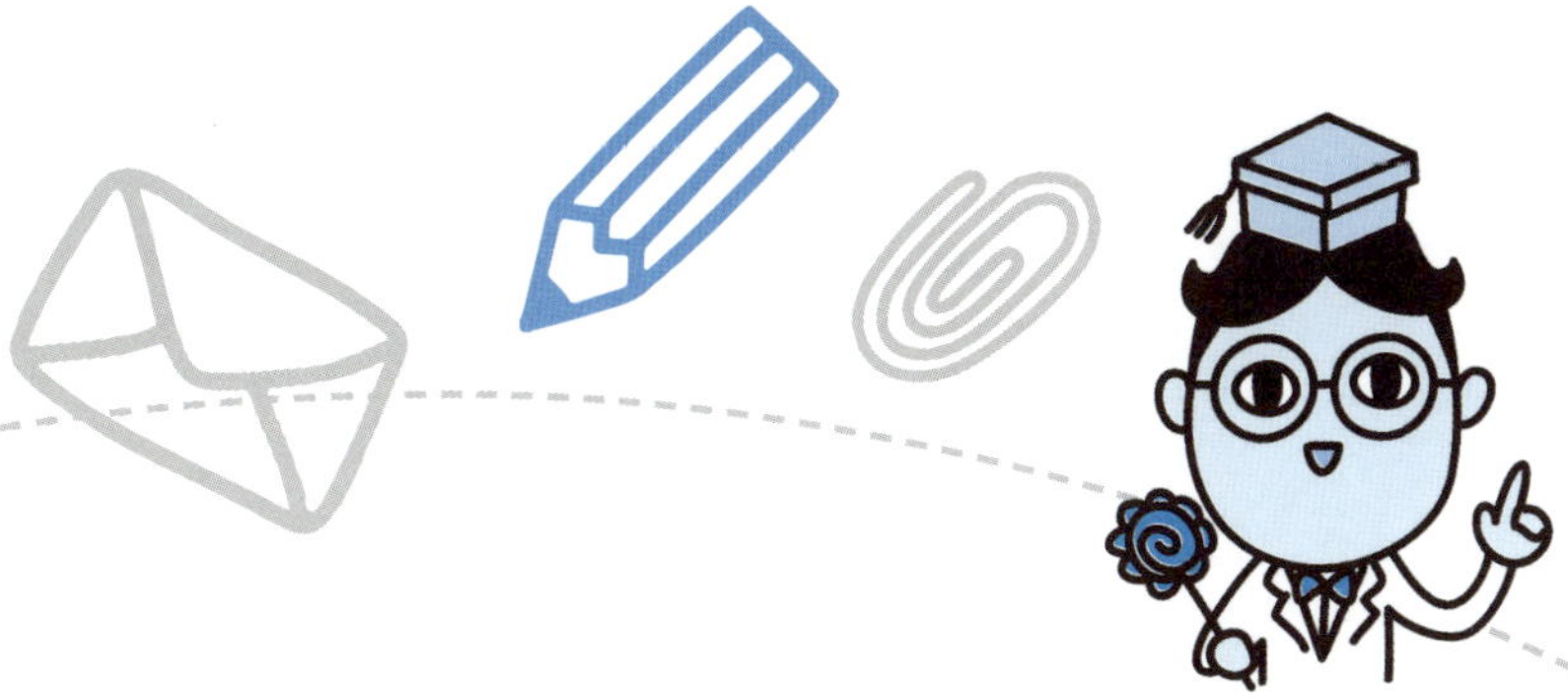

最後《さいご》まで読《よ》み進《すす》めてくれてありがとう。少《すこ》しでも、これから整《せい》理《り》整《せい》とんに取《と》りかかるキミの参考《さんこう》になっていればうれしいよ。

整理整《せいりせい》とんが習慣《しゅうかん》になっていると、きれいに整《ととの》った見《み》た目《め》のよさから、いつもいい気分《きぶん》でいられるよ。

また、探《さが》し物《もの》や整理《せいり》をする回数《かいすう》が少《すく》なくなることで、結果的《けっかてき》に時間《じかん》の効率《こうりつ》もよくなり、他《ほか》のことにその時間《じかん》をあてることができるようになる。これはとてもいいことだと思《おも》うんだ。

でもね、整理整《せいりせい》とんが得意《とくい》だということは、あくまでもその人《ひと》の特技《とくぎ》の一《ひと》つであって、すべてではない。

何《なに》も整理整《せいりせい》とんに限《かぎ》らないけど、ちょっと心《こころ》にとめておいてほしいことがある。それは、「自分《じぶん》ができることは無意識《むいしき》に人《ひと》にも同《おな》じことを求《もと》めがち」ということ。

整理整《せいりせい》とんができたからといって、えらいわけでもないし、もちろん、不得意《ふとくい》だからといって、その人《ひと》がダメなわけでも決《けっ》してないんだよね。

何《なに》が言《い》いたいかというと、人《ひと》はおたがいの弱点《じゃくてん》をおぎないあいながら生《い》きているということなんだ。

たとえば、学校《がっこう》でこんなことはない？　かたづけが決《けっ》して上手《じょうず》ではないAくんとBくん。二人《ふたり》とも同《おな》じようにかたづけられないのに、なぜか、ちょっと声《こえ》のかけられ方《かた》がちがうんだ。

Aくんはいつもきびしい声《こえ》をかけられている。

「Aくん。しっかりかたづけて！　いつもよごれているよ！」

一方《いっぽう》でB君《くん》には、

「Bくん。いっしょにかたづけよう！　これはわたしが捨《す》てておくね」

もしかしたら、こうなってしまう原因《げんいん》がどこかにあるのかもし

れないよね。Aくんは自分《じぶん》の得意《とくい》なことに関《かん》しては、同《おな》じようにきびしく人《ひと》に言《い》っているのかもしれない。また、不得意《ふとくい》なことを少《すこ》しでも改善《かいぜん》しようとする努力《どりょく》がまったくないのかもしれない。

Bくんは、普段《ふだん》から自分《じぶん》が得意《とくい》な部分《ぶぶん》では人《ひと》を助《たす》けてあげる人《ひと》なのかもしれないし、まさにこの本《ほん》を手《て》に取《と》ったキミのように少《すこ》しでもできないことを改善《かいぜん》しようとがんばっているようすが伝《つた》わっているのかもしれない。

いろいろと考《かんが》えられることはあるけれども、一人《ひとり》ですべてをカンペキにこなせるなんてことはないんだよね。だから、最後《さいご》に伝《つた》えたい。自分《じぶん》にないものをもっている周《まわ》りの人《ひと》たちに、尊敬《そんけい》の気《き》持《も》ちをもって、その人《ひと》たちと協力《きょうりょく》しあえる関係《かんけい》を築《きず》いてほしい。キミが整理整《せいりせい》とんを通《とお》して自分《じぶん》を見《み》つめ直《なお》し、家族《かぞく》や友《とも》だちといい関係《かんけい》を築《きず》けるよう、応《おう》えんしているよ。

著者　花まる学習会

思考力、読書と作文を中心とした国語力、野外体験を三本柱として、
将来「メシが食える大人」「魅力的な人」を育てる学習塾。
埼玉県でスタートし、23 年目で会員数は 20,000 人を超えた。
2016 年からは中京、2017 年からは関西でも展開している。

企画　岩川真弓、相澤樹、中山翔太、小林駿平（花まる学習会）

執筆　相澤樹（花まる学習会）

なぞペー制作　中山翔太、小林駿平（花まる学習会）

デザイン・編集・制作　ジーグレイプ株式会社

イラスト　デザイン・サンライト

---

12 才までに身につけたい

# 整理整とん

---

2018 年 3 月 10 日　初版第 1 刷発行
2024 年 9 月 20 日　第 2 刷発行

---

著　者　花まる学習会　©2018　Hanamarugakusyukai
発行者　長谷川隆
発行所　日本能率協会マネジメントセンター
〒 103-6009 東京都中央区日本橋 2-7-1　東京日本橋タワー
TEL　03(6362)4339 ( 編集 )　03(6362)4558 ( 販売 )
FAX　03(3272)8127 ( 編集・販売 )
https://www.jmam.co.jp/
印刷所　シナノ書籍印刷株式会社
製本所　株式会社三森製本所

---



---

ISBN 978-4-8207-2647-0　C8076
落丁・乱丁はおとりかえします。
Printed in Japan

別冊ふろく

# 保護者の皆さまのための解説

花まる学習会　相澤　樹

STEP 1

# 整理整とんって大事なことなの？

私は学習塾講師として、保護者の皆さまから日々、さまざまなご相談をいただきます。学習塾という性質上、お子さまの進路や成績、勉強の仕方などの学習面についてのご相談をいただくことも、もちろんあります。

しかし、じつは、それよりも多くの保護者の皆さまが気にされていることは、**お子さまの普段の生活習慣**についてなのです。

この本では「**整理整頓**」について取り上げました。同シリーズの「時間の使い方」に次ぐ、相談の多さだと感じています。

さて、現場の感覚としては、多くの保護者の方とともに、子どもたち自身も、何とか整理整頓を上達させたいと悩んでいる様子はうかがえます。

しかし、子どもたちは取りかかりのきっかけをつかめず、大人たちから厳しい叱責を受け、やる気を失ってしまいます。

あるいは、仕方なく渋々取りかかるものの、場当たり的な整理整頓しかできず、しばらくするとまた散らかりはじめ、本質的には何ら解決することのないスパイラルに陥っているように見受けられるのです。

本書は、子どもたちにとってわかりやすいイラストや事例、問題などを通して、まず頭で整理整頓のしくみを理解してもらい、段階的に行動に移せるように編集しています。

さて、本編のステップ1では「**なぜ整理整頓が大事なのか**」の概要をまとめました。「どうして整理整頓をしなければいけないの?」という、そもそもの疑問に対して、普遍的な答えを知っておかないと、能動的な行動にはつながりません。

子どもたちに伝えたのは次の3つです。

一つめは、片付けていないことで起こる、**探し物にあてる時間を減らすことで、使える時間を増やすということ**。ある調べでは、人は一日に平均10分程度の時間を探し物に費やしていると言われています。整理整頓ができていなければ、探し物の時間が15分、20分とかさみ続け、莫大な時間を費やしてしまうことになります。この大きな差を感覚として知ってもらいたいところです。

二つめは、やはり片付けていないことで起こる、「**信用の損失**」です。たとえば、友だちから借りたものを、整理整頓ができていないことで、失くしてしまったり、壊してしまったりしたら……。決して悪気はないとはいえ、残念ながら信用を大きく失墜させることになるでしょう。

三つめは、後に詳しく解説しますが、**整理整頓の力と物事を筋道立てて考えていく論理的思考力は親和性が高いという事実**です。つまり、整理整頓を通して考える力が自然と身につくことを伝えました。

いずれせよ、まずは子どもたちに整理整頓の有用性を知ってもらい、整理整頓は決して高いハードルではないという心構えをもってもらいたいと考えています。

STEP 2

# かたづけ上手な友だちに学ぼう

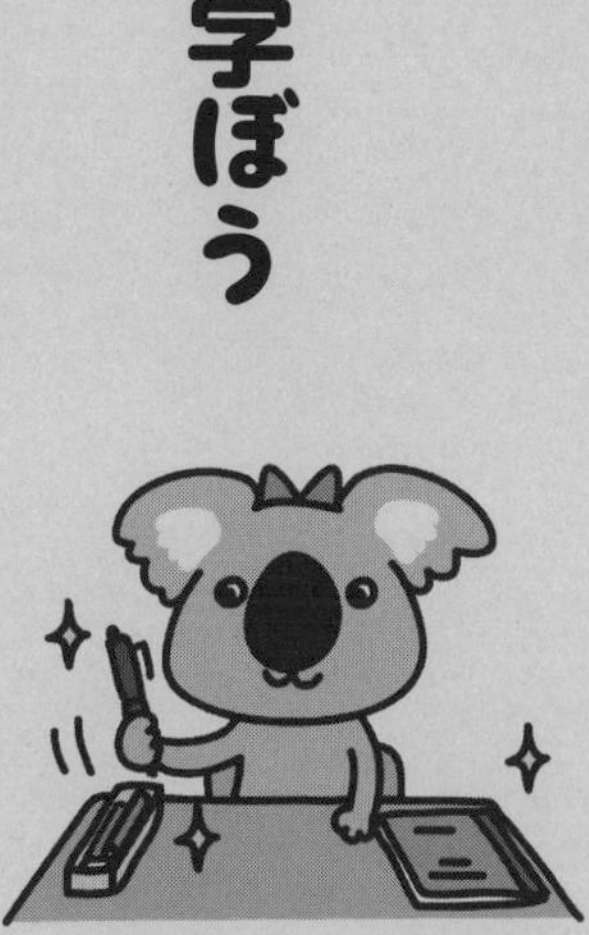

ステップ2では、**片付けが上手な友だちを観察してみて、自分と何が違うのかを比べてみる**という視点をもってもらいました。

「学ぶことは真似ぶこと」と言いますが、上手な人をお手本として真似をすることで、気がついたらできるようになることはたくさんあるものです。とくに、自分が主体的に努力しているときは、効果的でしょう。

整理整頓についてもそれは当てはまり、片付け上手な人を真似ることから学べることはたくさんあります。

ですからステップ2では、まず、片付けが上手な子をいくつかのタイプに分け、その考え方を知ることから始めました。

**①そもそもきれい好きタイプ**

子どもたちには右の見出しのように書きましたが、きれい好きというのは、それが好きとか嫌いとかいう次元ではなくて、片付けをすることが、無意識のうちに習慣になっているタイプです。

おそらく、このようなタイプの子どもたちは、ご家庭でも当然の生活習慣として、散らかさないようにしつけられていることが多いでしょう。

**②二度手間めんどうくさがりタイプ**

非常に合理的な考え方です。精神的に成熟し大人になっていく過程で、このほうがいいと気づく子どももも比較的多いようです。

二度手間のめんどうくささが動機になって整理整頓をおこなおうとする子どもは精神的にはかなり大人に近いところにいます。

**③スタイリッシュな見せ方タイプ**

整理整頓を始めようとする動機として一番多いのは、憧れや理想をもって「こんなふうにしたい」という願望をかなえようとすることかもしれません。それは、それでいいことだと思います。

そして、いずれのタイプにも共通することですが、片付け上手であるということは、片付いた状態を保つことができるということです。

ですから、整理整頓の上達には、散らかりそうになったら、散らかる前に良い状態に戻すということを、継続しておこなうことが欠かせません。

整理整頓が苦手な子どもでも、**自分がどのタイプに近い考え方をするのかということをつかめると、整理整頓をする動機（やる気）が見えてきます。**

その動機を自分で確認することで、なぜ整理整頓をしようとしているのかという核となる部分をつくることができます。

この核が定まっていると、整理整頓が上手くいかないときにも、初心に立ち返り、継続する力につながっていきます。

動機は、整理整頓が無意識の習慣になるまでの栄養なのです。

STEP 3

# どうしてかたづけられないんだろう？

「彼を知り己を知れば百戦あやうからず」の故事に習い、ステップ2では、なぜ片付けを上手にできるのだろうということを友だち（彼）から学び、3つのタイプに分けました。

ステップ3では、**整理整頓をはばむ要因となる、自分の特性を知るということに着眼しています。**

漠然と整理整頓を始めるのではなく、自分の弱点を知ってから段取りを考えていけば、おのずと力を入れるポイントが見つかるはずです。

ステップ2同様、タイプ分けをすることで、片付けられない理由をつかみやすくしています。

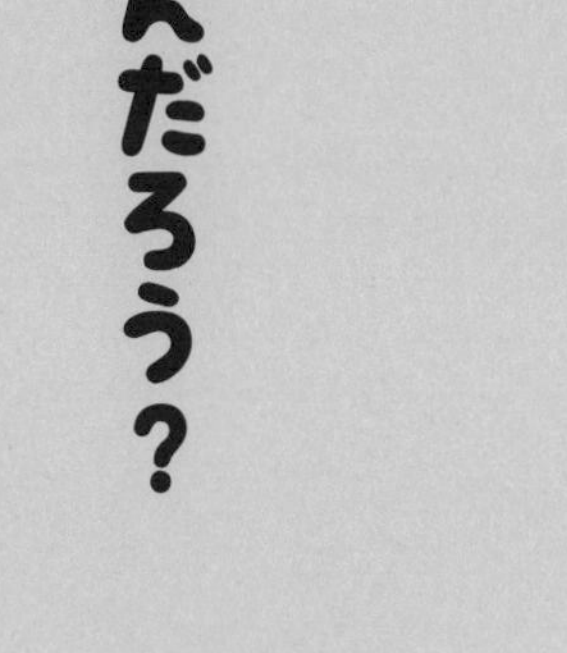

**①不要なものを捨てられないタイプ**

整理整頓が上手くいかない最大の理由は、不要なものの多さであることに異論はないかと思います。捨てられない要因はステップ4で解説しますが、不要なものを思い切って捨てていかないと、あっという間に限られた収納スペースから物があふれだしてしまいます。

また、つい余計なものを買ってしまったり、友だちから使わなくなったものをもらってしまったりして、物を増やす傾向が強い子も、このタイプに当てはまるでしょう。つまり、増やして捨てないということです。

**②出したものをしまわない散らかしっぱなしタイプ**

根幹にある問題は、状況を都合よく解釈しようとすることなのだと思います。だから「どうせまた使うから、手が届くところに置いてあったほうが便利なのだ」と考えたいのです。

しかし、本当のところは「片付けることが面倒な自分の弱さに向き合えず、ごまかしているだけ」というのがおよそ真実でしょう。

これは片付けに限らないことですが、「やることは後回しにせずやる」ということは、なるべく早い段階で身につけてしまいたい習慣です。

ときどき、保護者の方から、「どうすればいいですか?」という質問を受けますが、すぐにできるようになるものではありません。ただ、**できない時にとがめるよりは、できた時に頻繁に認める言葉をかけ続けることが効果的**です。

**③片付ける場所が決まっていないタイプ**

また、とりあえず適当なところに詰め込んでしまうため、徐々に収納スペースがなくなり、物があふれてきてしまう場合もありますね。

本体33ページの図解の例がわかりやすいかと思いますが、自分がこのスパイラルに当てはまると知るだけでも、ずいぶん、置きっぱなしによる散乱状態を防げるようになるはずです。

どのような理由でお子さまが整理整頓を苦手としているのかを見極め、お子さま自身がその理由に気がつくようにうながすことは、場当たり的に叱るよりも、整理整頓を身につけさせる近道になるでしょう。

STEP 4

# 「捨てられない病」を断ち切ろう！

ステップ3でふれた通り、片付かない理由は不要なものを増やしたり、減らさなかったりすることです。

ちなみに、私も物を「捨てる」という判断は元来の性格からなのでしょうか、かなり苦手としています。

**でも、なぜ、捨てることに抵抗があるでしょうか？**

もしかしたら、大人も子どもも意外と理由は近いのかもしれません。

**①昔の思い出が詰まっているものだから**

もしかしたら大人に比べると、子どものほうが物に対する愛着が強いのかもしれません。

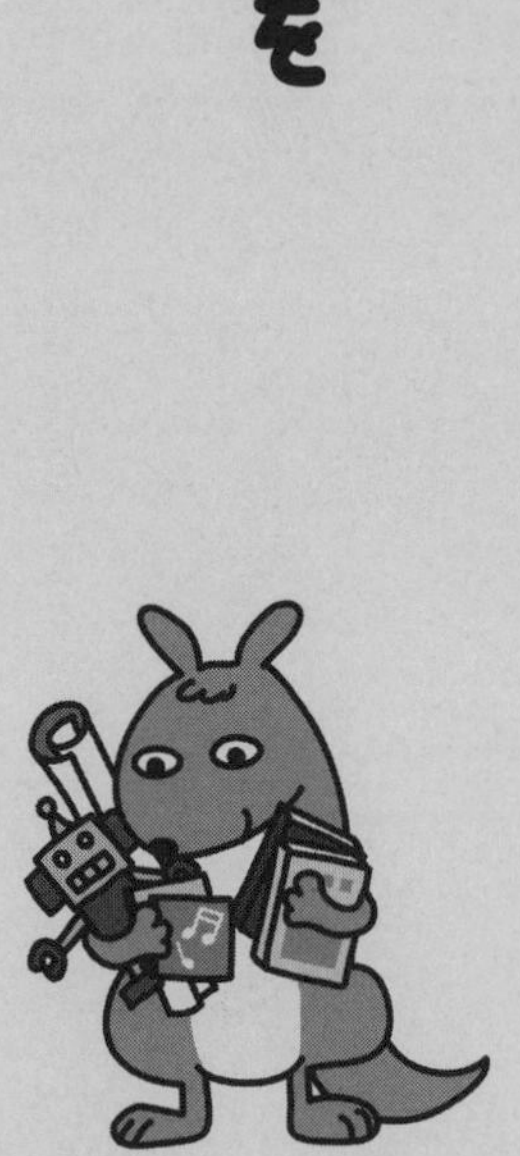

また、当然のことですが、物は大切にしなければいけないということを多くの子どもがご家庭で学んでいることと思います。

たとえば、物心がついて間もなく誕生日に買ってもらった洋服。もう自分が着ることは絶対にないけれども、それを手にすると、当時の思い出が鮮明によみがえり、今なお変わらない愛情を感じたり、いつかこの洋服を自分の子どもにプレゼントしてあげようなんて考えてみたり……。子どもなりに意外と、深く考えているものです。

これはこれで、豊かな情緒と創造力を育むためにとても大事なことだと思います。

しかし、たとえば、大掃除の日にプレゼントをした側の保護者の判断で、「もう着ない」ものとして、一方的に破棄したとしましょう。

子どもは、その事実を知ったら、一時はそれなりに落ち込みもするでしょうが、一方で捨てたことに気づかず、案外思い出すこともなく忘れてしまうことも多いのではないでしょうか。

「これは一生大切にしよう」

そういうものに巡りあうことも必ずあります。それは大切に保管すべきなのですが、しまっていたことすら忘れていたものは、おそらく、そこまで重要ではなく、またいつか偶然出会うまでは、収納スペースの奥底で眠っているだけなのです。

**役目を終えたものは、感謝の気持ちをもちながら、手放すことも、物を大切にすることの一つの答え**だと思います。

**②もしかしたら、まだ使うかもしれないから**

判断に悩むのはここでしょう。子どもたちはわずかな可能性でも残すと判断しがちですし、大人でも慎重な方は可能性のラインを低めに設定すると思います。

しかし、多くの片付け上手な方は、使う可能性が五分五分以下だったら「迷わず捨てる」を選んでいるようです。どうしても判断がつかないものは、保留の箱に入れておいて、後日判断してもいいと思います。

整理の最中は手放すものが多くなるため「使うかもしれないもの」への判断が甘くなりがちかもしれません。しかし、日を改めて考えてみると、あっさり破棄する選択が取れることもあるのです。

ですから、保留の箱は後日見直し、もう使うことがないと思ったものは捨てるようにしましょう。

STEP 5

# いよいよ実践！「整理」を始めてみよう

ステップ5では、まず、整理整頓の意味を正しく知ってもらいました。

**「整理」は乱れた状態のものを整え、不要なものを取り除くことであり、「整頓」は規則を決めて正しい位置におくこと**です。

つまり、整理は「広げる」→「仕分ける」→「捨てる」ということであり、整頓は「しまう」ということです。

だから、言葉の順序も「整理→整頓」なのですね。

ここからいよいよ、整理整頓の具体的な方法を解説していきます。まずは「整理」について見ていきましょう。

現状の乱れ具合や目指すゴールにもよるのですが、整理を始める際には、**片付ける場所を絞ることと、十分な時間をとっておくこと**を勧めています。

整理の途中の状態の時ほど散らかっていることはありません。そのため、一度に複数の場所の整理を始めて収集がつかなくならないよう、また時間切れで中途半端にならないよう、場所と時間を区切って、整理は一気に済ませてしまいたいところです。

手順としては、まず、**片付けようとする場所のものを一度すべて出してしまう方法**を本書では伝えました。

最も基本的な整理の仕方だと思います。

次に、大きな仕分けです。**必要なものなのか、不要なものなのかを選別**します。

しかし、慣れるまでは不要なもの（＝捨てるもの）と判断することに抵抗を覚えるかもしれません。ステップ4で見た通り、捨てられない人には捨てられないだけの理由があるからです。

けれども、その理由を掘り下げて考えてみることは、自分なりに、ある物が本当に必要か不要かを考えるきっかけにもなるでしょう。

捨てる、捨てないを分ける基準に正解はありません。その人にとって、何が大切で必要なのかでそれは決まるのです。

51～52ページのなぞペーは、「いる？　いらない？」を考える問題を用意しました。

ここで大事なのは、どうしてその物を「いる」または「いらない」と判断したかの理由です。ぜひ、一度お子さまとその理由について話し合ってみてください。

親子で話し合うことは、きっとお子さまの考えを深め、成長をうながすことにつながるでしょう。

はじめは時間がかかるかもしれませんが、徐々に捨てるものへの判断のスピードはあがっていきます。そして、整理を続けていくと、全体の物の量はずいぶんスッキリするはずです。

整理を進めると、おそらく、不要なものが意外と多いと気づく子どもが多いのではないでしょうか。ステップ5では整理整頓の流れを説明するために、物を捨てることに重点を置いて書きました。しかし、**整理を通して学んでほしいもっとも大事なことは、物を減らすことではなく、不要なものを増やさないこと**なのです。

STEP 6

# グループごとに整とんをしよう！

ステップ6では、整理が終わった後に行う、整頓の大切さについて理解を深めてもらいました。

見た目がきれいに整うのもいいことなのですが、とりあえず目にふれないところにしまっただけで機能性がよくないと、やはり、再び整理を始めなければいけなくなります。

**つまり、しまう場所をしっかりと決めて、それを守るということがとても大切になってくるのです。**

とくに家族で共有するものや、クラスのみんなで使う教室内のものなどをいつもと違う場所にしまったり、置きっぱなしにしたりしたら、次に使う人が探すことになります。

このように、他の人に迷惑をかけることになるので、使ったら決まった場所に戻すことを習慣にしておく必要がありますね。

また、自分でも適当に置いたことを忘れてしまったら、再び物を探すムダな時間が発生するのです。もし、探して見当たらなかったら……。必要なものであれば、再び購入することも考えざるを得ません。

買った後に探していたものが見つかったら、買ったものはムダになるだけではなく、さらに物が増えて、しまうべきものが増えてしまいます。

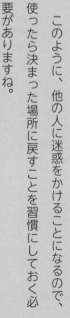

整頓が上手くいかないと、このサイクルに陥ってしまいがちです。そうなると、また、整理から始めなければいけなくなりますよね。今度の整理は使えるものが増えている分だけ、簡単に捨てるというわけにもいかず、より判断に時間がかかることでしょう。

使ったら元にあった場所にしまうということ。当たり前のことなのですが、頭ごなしに言われると、子どもたちなりの反発もあるのでしょう。どうも習慣になりません。

**「言われたからやる」ということでは自分の中で気づきや学びになっていないので、「言われなければやらない」という状態がつくられてしまいます。**

「整理整頓の本に何て書いてあったかな」というように、間接的に気づきをうながすのが一番効果的です。

さて、このステップ6では、いきなりしまうのではなく、まずはグループに分けるということを推奨しました。

グループ分けをする過程には、必ず本人なりの論理があります。

**仮にそれが保護者の皆さまが望むものとは違うグループ分けの論理だとしても、基本的にはお子さまの主体性に任せておきたいところです。**

自分で決めたことは、頭に残りやすいのです。グループ分けしたものを決められた場所にしまうことがより意識づけられるいうことですね。

しまった場所を視覚に訴えられるように、中に何がしまわれているかをテープで記しておくことも、とても効果的な方法です。こうしておくと整頓は、ずいぶん習慣づけしやすくなることと思います。

STEP 7

# すべてのスタートはランドセルの整理から！

子どもたちにとって、整理整頓の効果が感じられやすいのは、日々使うものだと思います。

ここでは、ランドセルを例にとって、まずはその整理から始めることを勧めました。整理整頓の対象が小さくても、段取りは大きく変わることはありません。そういう点においても、**ランドセルの整理はコツをつかむのに非常に有効です。**

また、学習塾で指導をしていても、かばんの中が整然と片付けられている子と、すでに使わなくなったテキストがかばんの中に入れっぱなしの子とでは、学習効果という点においてもやはり前者に分があるように感じられます。素早く必要なものを取り出し準備を整えることによって、大事な話を聞き落としたりするリスクが軽減されます。

ぜひ、子どもたちには、整理整頓の第一歩としてランドセルの中は常にきれいにし続けるという課題をクリアしてほしいと思います。

ここまでの整理整頓の流れをまとめます。

**①ランドセルの中身を一度全部出す**

整理する対象物を、明らかにすることから始めます。

**②必要なものと不要なものに分ける**

ランドセルの中は整理をしないと、意外といろいろなものがたまります。小さくなった鉛筆や消しゴムのかけら、ぐちゃぐちゃになった古いプリント類、不要な教科書を入れっぱなしということもあるでしょう。不要なものをまずはランドセルに入れないということを徹底しましょう。「とりあえず入れておく」というものは、基本的にないはずです。

**③必要なもののグループ分けをしてみよう**

使用頻度によるグループ分けができるといいですね。比較的使うことが多い教科書やノート。あまり使わないけど、なくしてはいけないもの。同グループでもカテゴリ分けをすることで、整頓の精度が高まります。

**④必要なものをしまう場所を決めよう**

グループ分けしたものをしまいます。グループごとに机のどこにしまうかをあらかじめ決めておいて、必ずそこに戻すように心がけましょう。

よく、全部詰め込んでおけば持ち忘れることがないと考えがちな子がいますが、おもしろいもので、かばんがパンパンの子ほど、忘れ物が多かったりします。

学校の準備を朝起きてから始めると、やはり時間が取れないので、とりあえず入れておこうという判断をしがちだからなのかもしれません。

やはり、学校の準備は、前の日に終わらせたほうが整理整頓の習慣もつきますし、学校であったことを振り返りながら整理整頓をすると、翌日忘れてはいけないものを思い出したりもできます。

時間に余裕をもってランドセルの準備をすることは、明日に備えて、頭の中を整理整頓することにもなりますから、ぜひ毎日の習慣にするよう、お子さまに勧めてください。

STEP 8

# ここがきれいになるとやる気アップ！

高学年くらいになると、自ら整理整頓をしたいと思い立つ子どもが増えてきます。

どうも、自分の部屋を自分にとって居心地のいい場所にしたいという動機が多いようです。

やはり思春期を迎えると内省する時間を欲するようにもなりますし、そのためには部屋の雰囲気づくりも大事と考えるのでしょう。

また整然とした部屋に漠然と「あこがれの大人像」のイメージをもったりもします。たとえば色の好みも明るいブルーやピンクのものから、少しずつ木目調の落ち着いた色や黒っぽいもので統一しようと考えてみるなどですね。

自発的におこなう部屋の模様替えは、整理整頓を習慣づけるチャンスと言えるかもしれません。

やる気をより促進させるために、ステップ8では収納スペースが大きな場所の整理整頓の段取りについて伝えました。

**整理整頓の鉄則は「大きいもの（スペース）から小さいもの（スペース）へ」**だということを知るだけでも、どこから着手すべきかが、ある程度絞ることができるでしょう。

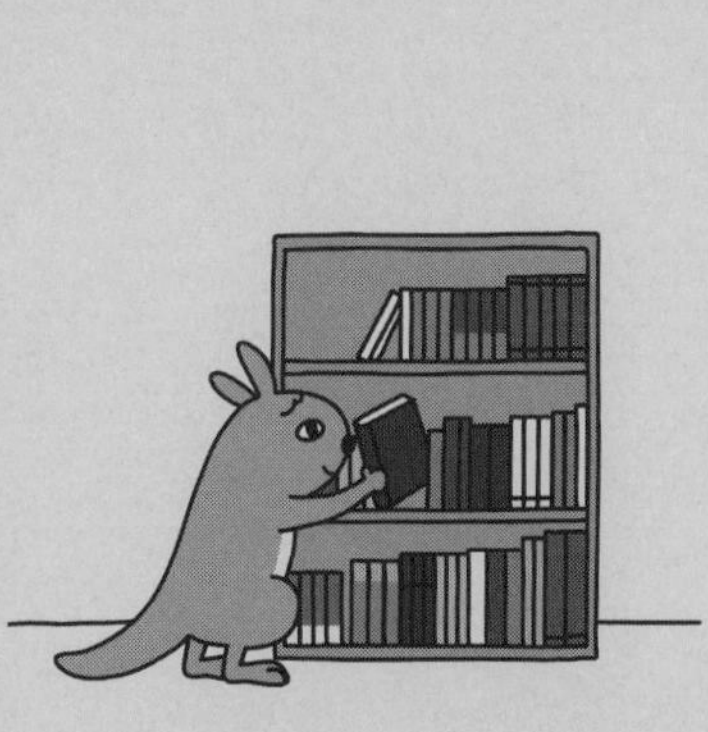

ステップ8では押入れと本棚を例にあげました。最近は押入れではなく、クローゼットをお使いのご家庭も多いかと思いますが、その場合は、押入れをクローゼットに置き換えてお考えください。

押入れやクローゼットを片付け始める時に、一番注意したいのは、思い出の品の数々です。

感傷にひたるのも決して悪いことではないのですが、ためらったあげく、やはり残しておくというようなことが起こらないように注意したいものです。

そして、機能性を重視する整頓を心がけたいものです。必要なものが奥にしまわれてしまい、使うたびにいちいち、前のものを出すようなことがないように、あらかじめ使う時のイメージをもっておくと良いかと思います。

本棚の整理整頓はより強い気持ちで臨まないと、漫画やアルバムなどの誘惑に流されてしまいがちです。

読まないことを求めるよりは、多少読んでもいいから、今日中には済ませるというくらいの心持ちで臨んだほうがいいかもしれません。

また、ステップ7で学んだ通り、使ったら元の場所に戻すことを習慣にしましょう。本棚の場合、整頓の段階で、本のサイズやジャンルで置き場所を決め、さらに書名や著者名、巻の順などと並べる順も決めるので、どこに戻すかがわかりやすく、この訓練をするのにピッタリです。

押入れのふすまを開いたとき、あるいはクローゼットの扉を開いたときに整然としていると、これは気持ちがいいものです。また、本棚のように、常に目にふれるところが整頓されていると、「きれいにしよう」というやる気の持続にもつながります。

整理整頓に関心をもったら、なるべく早い段階で大きなスペースの片付けを始められるといいですね。

STEP 9

# 整理整とんは考える力をきたえてくれる

**整理整頓の段取りをする力と思考の整理術は**、ほぼ**同じ**だと考えています。

つまり、整理整頓を通して、自然と論理的思考力を学んでいると言えるでしょう。

実際、整理整頓の段取りと思考のプロセスは次のように対応しています。

①**必要なものと不要なものを分ける**＝解決すべき課題を明確にする力

②**不要なものを捨てる**＝思考する対象を絞り込む力

③**必要なものをグループに分ける**＝情報を整理する力

④**しまう場所を決めて収納する**＝課題を解決しきる力

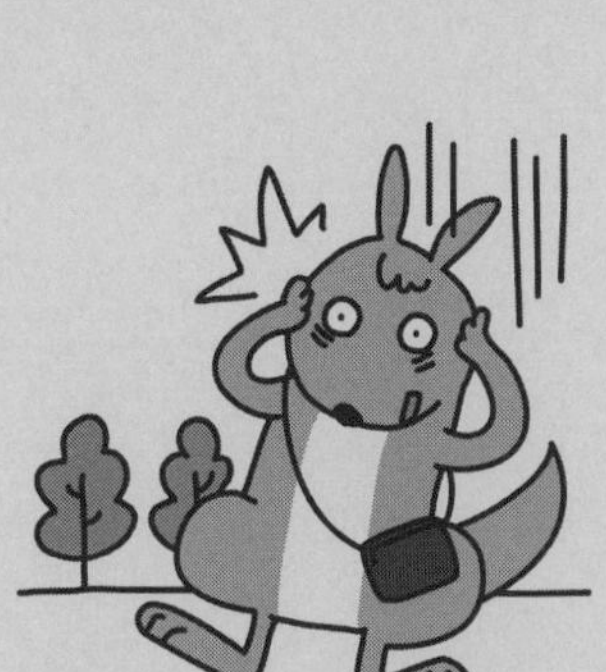

手当たり次第に漠然と課題解決に向けて着手するのと、まずは課題から解決までの道筋（行程）をしっかりと見定めてから、確実に初手を選択するのとでは、かかる時間も到達点もずいぶんと異なる結果になることでしょう。

また、**実際に物を整頓する時に必要となる収納する力は空間認識力を鍛えること**にもつながります。

整頓をするのが上手な子の行動を見ていると、限りある空間をまるでパズルのように収納物をしまっていきます。

大きいものから小さなものへ、定形のものから不定形のものへ、隙間をきれいに埋めていきながら、取り出しやすさまで考えていることがわかります。

空間をさまざまな角度からとらえ「ここにこれを入れたら、次はこれをここに……」と非常にスピーディーな判断力と処理能力で最短距離を進んで行っているように見えます。

気がつけば、魔法をかけられたかのようにきれいに収納完了。だから勉強もできるようになるという短絡的な結論ではなく、このような場面で、自由に頭を働かせることができること自体を大事にしたいと思うのです。

さて、整理整頓や論理的思考力の価値はどこにあるのでしょうか。

本書では「**より多く**」**自分のための時間を生み出すことができること**と定義しました。

常に整理整頓された状態を保っていれば、物を探す時間は大幅に短縮できるでしょう。

思考の整理術ができていれば、勉強や仕事も効率的に進めていくことができるでしょう。

どちらもともに、結果的に解決にかかる時間が短くなります。

一生という限られた時間の中で、自分がやりたいことができる時間を多く取れるということは、その分たくさんの経験を積むことができたり、さまざまな場所に足を運んで見識を広めることができたりするということです。

**人生をより豊かに彩る土台になり得ることが整理整頓の価値ではないでしょうか。**

STEP 10

# 整理整とんの力で学力もアップ！

**整理整頓を身につけさせることが、間接的にお子さまの成績アップに効果をもたらすことがあります。**

その例として、ステップ10の冒頭では、次のような算数の問題を掲載しました。

Aさんは今日の昼、ラーメンを食べに行きました。レジでお札を1枚だけ出して支払ったところ、お札が4枚、硬貨Aが4枚、硬貨Bが4枚というお釣りが返ってきました。ラーメンの値段は9通り考えられます。すべて書き出しましょう。

※2千円札は流通していないものとします。

※硬貨Aと硬貨Bは1円玉、10円玉、100円玉のどれかとします。

（花まる学習会高学年用教材Sなぞより出題）

これは、情報を整理することで答えを導く問題です。まさに、頭の中の整理術が問われているのですね。ぜひ、ご家族の皆さまで取り組んでみてほしいと思います。大人の皆さまも、案外難しいと思われるかもしれません。

具体的な解き方は、91ページから94ページに示しています。子どもたちには、整理整頓で培った思考のプ

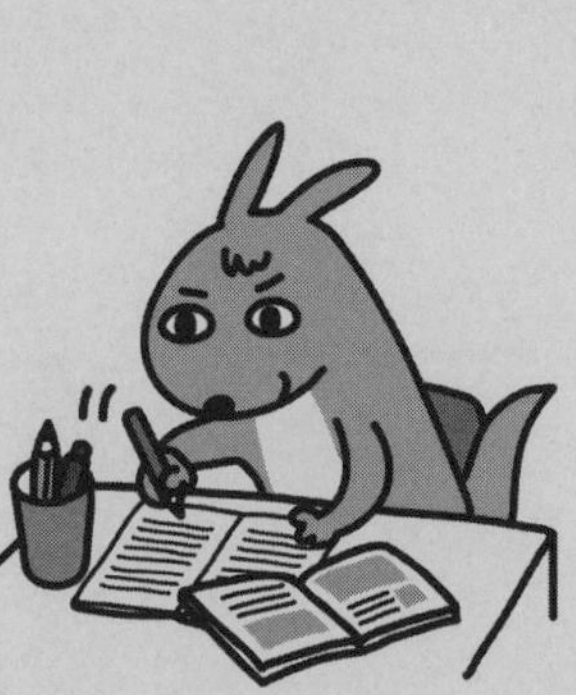

ロセスが、解法に役立つことを実感しながら読んでほしいと思います。

ここで挙げたのは一例ですが、他にも整理整頓で養った力が、学力の向上につながる問題の例は多くあります。

本書で取り上げた「なぞぺー」も、単なるクイズではなく、整理整頓で培った論理的思考力や、空間把握能力を必要とするものばかりです。

楽しみながら、頭を鍛える問題となっていますので、こちらもぜひ、ご家族で挑戦してみていただければと思います。

おわりに

# 花まる学習会からのメッセージ

さて、本編の「おわりに」で子どもたちに伝えたことを記しておきます。

整理整頓ができるようになることのメリットは、これまで述べてきたようにたくさんあります。

ですから、少しでも子たちの意識が高まり、行動に移してもらえればと願うものです。

**しかし、最も大事なことは、よりよい自分になるために、不得意とすることを改善しようと努力を続けること**ではないでしょうか。

何でもかんでも完璧にできる人はいません。学校でも職場でも人が人と一緒に過ごす場では、必ずどこかでお互いにマイナス部分を補い合いながら過ごしているはずなのです。

整理整頓も、得意な人もいれば不得意な人もいるはずです。もし不得意な人が改善することを諦めたら得意な人に負担がかかり、いずれ不満となるでしょう。

ただ、努力を重ねている様子がわかれば、快く応援してくれることが多いですし、力を貸してくれることもあるでしょう。

その逆も然りで、自分が得意とするものは、相手が得意ではないことかもしれないのです。だからと言って、相手に対して優位に立つ言動をするのではなく、その分を自分の力でカバーできるように努められれば、「お互いさま」です。

どうも、保護者の皆さまから聞くお子さまたちの将来像を描いていくと、何でも自分で解決することができ、人格も良く、かつ勉強も運動も高いレベルのスーパーマンになってしまうことが多いのです。「個」の力を高めることに傾倒し過ぎている気がします。

**子どもたちには、本書を通して、願わくは、自身の強み弱みを見つめなおしてほしいと思います。また、他者を尊重し、自身の強みは他者にも活かし、自身の弱みは他者が強みを活かすよう育ってほしいと願っています。**保護者の皆さまには、そんなことも、少し心に留めてもらえればと思います。

またお会いしましょう！